JN087203

花のことば 12ヶ月

はじめに　この本を手に取っていただいた読者の皆様へ

## 花とは

　日々の暮らしを豊かにしてくれる花。それは、なんと多くの意味をもつ存在なのでしょう。ご存じのとおり、植物の種を保存するための一器官を私たちは生物学上、花と呼んでいますが、花はその定義の枠をいとも容易く飛び越え、私たちを感動させてくれます。

　花は英語で「flower」、そして、この言葉はこれに発音の似た小麦粉を意味するflourと語源を同じくしているといわれます。世界の広い地域で小麦粉は欠かすことのできない糧であり、それが十分な状態は「最良」を意味します。そして、また花も、その美しさや芳しさで人生に「最良」の瞬間をもたらしてくれます。さらに二つの言葉から派生したflourishには「繁栄する」という意味があります。つまり、英語圏に住む人々にとってflowerは「繁栄し、もっとも好ましい状態にあるもの」をおもに意味する言葉であり、そこが起点となって、ある時は幸せや喜び、またある時は逆に悲しみや苦しみなどの様々な思いを代弁するものであり続けてきたのです。

　一方日本語の「花」は、同じ音をもつ"鼻"や"端"とその起源を等しくするという説があります。鼻は顔の先に位置し、端はものの起点を意味していて、いずれも何かに先立つものです。花が咲いたあとには果実や穀物が実り、それらが人々の糧になるという意味で、花もまた実りに先立つものなのです。民俗学者の折口信夫は、『花の話』のなかで「花という言葉は前兆や先触れを意味する"ほ・うら"に

由来する」といった意味のことを書き残し、それは穀物に先立って咲く花をイメージさせます。また折口は「昔の人はサクラの花の咲き具合で、その年の豊作を占った」と言っています。先人にとって花は実りの前兆であり、その年の豊作を占い、かつ願うためのものだったのです。

　豊作は「好ましい状態」であり、その前兆である花もまた「好ましいもの」として受け入れられていきます。それに、花がもつ純粋な見た目の美しさも、その考えを後押ししたのです。若く、みずみずしく、愛らしい新郎新婦は「花婿花嫁」と呼ばれ、輝きを放つ役者は「花形」としてもてはやされました。能楽の先駆者である世阿弥は、しっかりと稽古を積んできた役者だけがかもし出せる芸の魅力を“花”に例え、その“花”を知ることこそが究極の奥義であるとする古典的芸能書『風姿花伝』を著しました。

　このように、花にはじつに幅広い意味がありますが、その根っこにはこれを尊ぶ人の気持ちや、花に対する憧れがありました。言ってみれば古今東西にて花ほど様々な思いを託すことのできる存在はまことに貴重でした。

## 様々な花物語

　歴史上の様々な場面に花が登場し、それが信仰や思想と結びつきながら文学や絵画など多くの芸術作品に反映され今日に伝わっています。ローマの詩人オウィディウス（紀元前43年〜紀元前17年頃）はギリシャやローマの神話をもとに『変身物語』を著しましたが、これには人間、神々、

精霊などの登場人物らが花や植物に姿を変える話がいくつも収録されています。うぬぼれ屋の美青年ナルキッソスはスイセンに姿を変え、太陽神アポロンの求愛を拒んだ妖精ダフネはゲッケイジュとなり、アポロンに寵愛されつつも西風の神ゼピュロスの陰謀で命を落とした美少年ヒュアキントスはヒヤシンスに変身します。古代ヨーロッパの人々にとって花は神々や人間のもうひとつの姿でした。

　キリスト教徒はわかりやすく教えを説くために花を用いました。たとえばユリはその白さから聖母マリアの〈純潔〉を意味し、バラは赤い花弁がキリストの〈血〉を、鋭い刺が〈受難〉をそれぞれ連想させたことから、我が子の運命を悲しむマリアの母性愛の象徴となりました。アイリスは３枚の花弁が、オダマキは三つに分かれる葉がそれぞれ三位一体を表すものとして位置づけられたのです。中世の終わり頃から聖母マリアを描いた絵画にはしばしばユリが描かれ、これを見た者は聖母の清らかさを瞬時に感じることができたといわれます。ルネッサンス芸術の巨匠レオナルド・ダ・ヴィンチも、ユリや聖母の涙がこぼれ落ちた場所から生え出たとされるカーネーションを自らの絵画に描き入れて劇的な効果を生むことに成功しています。

　インドの人々の信仰の場には花が欠かせません。赤いハイビスカスは破壊と再生の神シヴァに手向ける花とされていて、それは赤い花びらが命の源である血の色を思わせるからだといいます。インドではよく花輪の素材としてマリーゴールドが重宝されますが、黄色い花が神々の金色の輝きを思わせるというのがその理由です。ネパールの王族に

生まれ、インドで布教に励んだ釈迦の伝説にも植物がいく
つか登場します。ムユウジュの木の下で生まれ落ちた釈迦
がすぐに歩き出すと、その跡にはハスの花が咲き誇ったと
いわれます。その後、釈迦はインドボダイジュの木の下で
悟りを開き、2本のサラソウジュの樹木の間で涅槃の境地
に至ったとされています。人生の節目において大切な役割
を担う花や樹木の姿がここにはあります。

　中国では、花は大いなる理想と結びつきます。いにしえ
の女帝が発した「雪が降りしきる真冬に花を咲かせよ」と
いうわがままな命令により、ほとんどの植物が花を咲かせ
るなかでボタンだけは季節外れの開花を拒みました。この
言い伝えからボタンは気高く、高貴な花とされて尊ばれた
のです。一方、葉に先駆けて香り豊かな花を咲かせるウメ
は美しさを意味します。また"梅"の音である「メイ」が仲
を取り持つことを意味する"媒"の音と同じであることから、
ウメの実は若い男女を結びつける力をもつと信じられまし
た。若者たちが梅林に集い、女子が意中の男子めがけてウ
メの実を投げ、それを男子が投げ返せば恋が実った証拠で
す。このように中国の人々は花に人生の理想を見出そうと
しました。

　日本最古の歌集『万葉集』には、およそ160種類もの植
物を詠んだ歌が載っています。もっとも多く登場するの
は「秋の七草」の筆頭にくるハギで、それにウメやヒオウギ
が続きます。いくつかの歌で風に揺れ動くハギが題材とさ
れているあたりに詠み手の大自然に息づく生命力への憧れ
が感じられます。またナデシコの花を髪に挿す描写もあり、

これは花から力を得ようとする一種の呪いでした。さらに豊作の先触れとされていたサクラをこよなく愛し、その美しさを素直に歌にしたのが平安時代末期の僧、西行です。このあたりから先人らは実りの前兆として花を特別視するだけではなく、それそのものの美しさを直接愛でていきます。四季折々に咲く一つひとつの花の魅力が、それらのありのままの美しさを尊ぶ感性を日本人の心に育んでいきました。いけばなは、こうした日本人の美意識を最も顕著に示す芸術です。いける者も観賞する者も花や葉、そして枝の美しさや面白さを心行くまで堪能するべく努めたのです。

## 暮らしを豊かにする花ことば

　これまで見てきたように、花は各地域の文化に深く根ざし、そこに住む人々の暮らしを彩ってきました。花がもつ視覚的な美しさ、豊かな芳香、薬草としての効能なども各地の文化によりいっそうの深みを与えていったのです。このような一連の文化のなかでも、もっともわかりやすいもののひとつが花ことばでしょう。

　思いや意味を花に託して相手に伝えるための手段である花ことばが発達したのは、19世紀のヨーロッパにおいてです。古来語り継がれてきた花にまつわる神話や信仰の数々や、品物に思いを託して相手に伝える「セラム」と名付けられたトルコの習慣がもととなって、1800年代の初頭にはおもにフランスで数多くの花ことばの本が出版されます。特定の花に与えられた花ことばは本によって微妙に

異なりますが、たとえばバラには「美や愛」、パンジーには「思いや気持ち」、サクラソウには「青春や希望」といったふうに、なかには普遍的な意味合いを冠された花もあります。また19世紀のイギリスでは、外出時に小さな花束を携行することが淑女の間で流行し、贈る相手にふさわしい花ことばをもつ花材が用いられました。バラの花束は相手に好意を伝え、パンジーの花束は相手の思慮深さを称えた贈り物になったのです。

　花ことばはヨーロッパ以外の地域にも広まっていきました。各文化圏にはその地域特有の植物の捉え方がありますが、先述したように花や植物に何らかの意味合いをもたせてきたことはあまねく共通しています。それは花が半ば普遍的に「好ましい状態にあるもの」だったり、「良きことを招く」存在だったりしたことに加え、逆に悲しみや困難を意味する時でも、痛みを和らげてくれるものだったからに違いありません。

　いまでも花は、時代の流れとともに次々と新たな花ことばを獲得しながら私たちの暮らしを豊かにしてくれています。今回手にとっていただいたこの本は、花や植物の興味深いエピソードで満ち溢れています。花に付与された数多くのストーリーを楽しみながらひも解いてみてください。きっと心に響くあなただけの物語を見つけることができるでしょう。本書が皆様の暮らしをより豊かにするための支えになれば嬉しく思います。

花文化コメンテイター　川崎景介

## 本書の見方

本書では、それぞれの花や植物につけられた
「花ことば」や歴史や伝説などのエピソードを紹介しています。
基本情報として、学名や花期なども掲載しています。

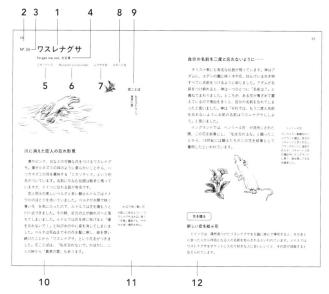

1　花・植物名
2　章タイトル
3　通し番号
4　英語・漢字表記
　　一般的とされる名称の英語と漢字表記を記
　　載しています。
5　別名
6　学名
7　分類
8　花期
9　花ことば
10　本文
11　注釈
　　本文や専門用語に対する補足と解説です。
　　ここを読めば、より花の理解が深まります。
12　小コラム
　　「花のrecipe」「花を贈る」「EVENT ＆
　　FESTIVAL」など、それぞれテーマに沿っ
　　て花にまつわるお話を紹介しています。

各章のはじめには、季節のカレンダー
を入れました。花に関係するイベント
や二十四節気、七十二候も記載してい
ます。四季を感じながら、季節に応じ
た花を愛でてみてください。

### 二十四節気

一年を春夏秋冬の４つに分け、さらに
それぞれを６つに分けた季節を表す名
称。立春、春分、夏至などがよく知ら
れています。

### 七十二候

二十四節気をさらに約５日ごとの３つ
の期間に分けた季節の変化。それぞれ
が気象の移り変わりや生き物の変化を
知らせる短文になっています。

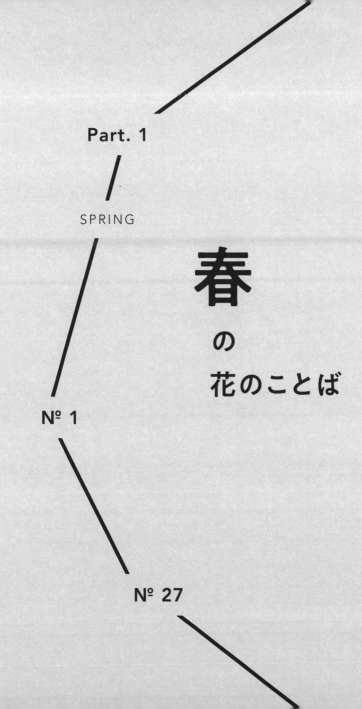

Part. 1

SPRING

# 春

の

花のことば

№ 1

№ 27

# SPRING

# Calendar

春は暖かく穏やかな気候で、多くの植物が芽吹き花を咲かせる季節です。咲き誇る花々につられて、人々も季節の花を楽しむお祭や、花々に思いを託すイベントを開いて盛り上がります。

### 3月

二十四節気では啓蟄と春分にあたり、長い冬が終わり、すべての生き物が目覚めはじめる季節。2月の立春から3月の春分までの間にはじめて吹く強い南風は、春の訪れを告げることから春一番と呼ばれる。春分の日からはじまる春のお彼岸では、季節の花であるキンセンカを供えるのが一般的。

### 4月

二十四節気では晴明と穀雨にあたり、草花がいよいよ芽吹き春本番が訪れる季節。日本では4月上旬頃に桜が開花しはじめ、各地で花見が行われる。

### 5月

二十四節気では立夏、小満にあたり、新緑がめざましく成長する季節。立夏以降は暦の上では夏にあたる。アメリカの教会が発祥の「母の日」にカーネーションを贈る習慣は、日本でもすっかり定着した。

**太字**：本書での掲載花
⊖：二十四節気
⊕：七十二候
＊各種イベントは年ごとに誤差が生じるため、日付は毎年異なります。(2022年版)

# 3　March　〈 弥生 〉

| 1 | 草木萌動（そうもくめばえいずる）⊕ | |
| 2 | | |
| 3 | ひな祭り（桃の節句） | **モモ、ナノハナ**などの飾り付けをする。 |
| 4 | | |
| 5 | 啓蟄 ⊖ 蟄虫啓戸（すごもりむしとをひらく）⊕ | |
| 6 | | |
| 7 | | |
| 8 | **ミモザの日**（国際女性デー） | イタリア発祥の女性にミモザの花を贈る習慣。 |
| 9 | | |
| 10 | **桃始笑**（ももはじめてさく）⊕ | |
| 11 | | |
| 12 | | |
| 13 | | |
| 14 | ホワイトデー | 日本発祥、アジア圏の風習。ヨーロッパでは、バレンタインのお返しを贈るという意味合いはなく、3/14はフラワーデーやクッキーデーと呼ばれ、花やクッキーを贈り合う。 |
| 15 | 菜虫化蝶（なむしちょうとなる）⊕ | |
| 16 | | |
| 17 | | |
| 18 | 春の彼岸入り ⊖ | 二十四節気のお彼岸ではキンセンカ、牡丹もちを供える。 |
| 19 | | |
| 20 | | |
| 21 | 春分 ⊖ 雀始巣（すずめはじめてすくう）⊕ | 七十二候では、雀が巣を作りはじめるころ。鳥たちの繁殖期。 |
| 22 | | |
| 23 | | |
| 24 | | |
| 25 | | |
| 26 | **桜始開**（さくらはじめてひらく）⊕ | |
| 27 | | |
| 28 | | |
| 29 | | |
| 30 | | |
| 31 | 雷乃発声（かみなりすなわちこえをはっす）⊕ | |

## 4 April 〈卯月（うづき）〉

| | | |
|---|---|---|
| 1 | | |
| 2 | | |
| 3 | | |
| 4 | | |
| 5 | 晴明 ㊁<br>玄鳥至（つばめきたる）㊆ | |
| 6 | | |
| 7 | | |
| 8 | 花祭り（灌仏会） | 釈迦の誕生を祝い、誕生仏の像を**サクラ**や**ツバキ**、レンギョウなどで飾り、甘茶をかける日本の仏教の風習。 |
| 9 | | |
| 10 | 鴻雁北（こうがんかえる）㊆ | |
| 11 | | |
| 12 | | |
| 13 | | |
| 14 | | |
| 15 | 虹始見（にじはじめてあらわる）㊆ | |
| 16 | フラワーパレード<br>（4月の第3または第4土曜日に行われる） | 世界一の花市場があるオランダで行われ、色とりどりの花で飾った山車が練り歩く。 |
| 17 | イースター（春分の日のあと、最初の満月の次の日曜日） | 春を告げる行事。国によって**ユリ**や**スイセン**を使ったアレンジメントをする。 |
| 18 | | |
| 19 | | |
| 20 | 穀雨 ㊁<br>葭始生（あしはじめてしょうず）㊆ | |
| 21 | | |
| 22 | | |
| 23 | サン・ジョルディの日 | スペイン・カタルーニャ発祥。男性は女性に、女性は男性に本と花（青い麦を添えた赤い**バラ**が一般的）を贈る風習。 |
| 24 | | |
| 25 | 霜止出苗（しもやみてなえいずる）㊆ | |
| 26 | | |
| 27 | セクレタリーズデー<br>（4月最後の7日間そろった週の水曜日） | アメリカの慣習。上司が秘書や部下に日頃の感謝を示すため、花などのプレゼントを贈る。 |
| 28 | | |
| 29 | | |
| 30 | **牡丹華**（ぼたんはなさく）㊆ | |

## 5 May 〈皐月（さつき）〉

| | | |
|---|---|---|
| 1 | メーデー<br>**スズランの日** | お世話になっている人に**スズラン**を贈るフランスの習慣。シャルル9世の頃から続く歴史の古い行事。（＝ケルト人にとっての春の象徴の日） |
| 2 | 八十八夜（立春から88日目）㊁ | |
| 3 | | |
| 4 | | |
| 5 | 端午（菖蒲）の節句<br>立夏 ㊁<br>蛙始鳴（かわずはじめてなく）㊆ | 菖蒲湯、菖蒲枕などの風習で**ショウブ**を使う。七十二候では、蛙が鳴き始める頃。 |
| 6 | | |
| 7 | | |
| 8 | 母の日<br>（5月第2日曜日） | アメリカ発祥。多くの国で母親に**カーネーション**を贈る習慣がある。 |
| 9 | | |
| 10 | | |
| 11 | 蚯蚓出（みみずいずる）㊆ | |
| 12 | | |
| 13 | | |
| 14 | **ローズデー** | カップルが互いに**バラ**の花を贈り合う韓国の習慣。5月にバラの花が満開になることから。 |
| 15 | | |
| 16 | 竹笋生（たけのこしょうず）㊆ | |
| 17 | | |
| 18 | | |
| 19 | | |
| 20 | **バラ祭り**<br>（5月下旬～6月上旬） | ブルガリアの首都ソフィアの東部「バラの谷」と呼ばれるエリアで**バラ**の収穫を祝う。バラの女王が選ばれたりも。 |
| 21 | 小満 ㊁<br>蚕起食桑（かいこおきてくわをはむ）㊆ | |
| 22 | | |
| 23 | | |
| 24 | | |
| 25 | | |
| 26 | **紅花栄**（べにばなさかう）㊆ | |
| 27 | | |
| 28 | | |
| 29 | | |
| 30 | | |
| 31 | 麦秋至（むぎのときいたる）㊆ | |

Nº 1 # アイリス

Iris

ダッチアイリス、オランダアヤメ、イリス / Iris / アヤメ科 / 4月〜6月

花ことば

恋のメッセージ
軽快
雄弁
吉報

## 道筋を照らす、虹のような存在

　真っ直ぐ伸びた茎の先に、3枚の花びらが開くアイリス。花の色は淡紫、青、橙、黄、白など多彩で、世界に約170種類あるアヤメ属の花の総称です。日本ではアヤメ、カキツバタ、ハナショウブなどに分類され、尾形光琳の「燕子花図」を思い浮かべる人も多いかもしれません。梅雨の時期に見頃を迎えますが、意外にも乾いた場所を好み、熱帯をのぞいた世界各国で見ることができます。

　ギリシャ神話によると、神々の女王ヘラ①の侍女であったアイリスは、主神ゼウスの浮気の誘いを断ったことで、ヘラに人柄を認められ祝福を受け、女神になりました。このとき、ヘラがかたむけた盃から数滴の新酒の滴がこぼれ、アイリスの花が生まれたと記されています。アイリスが女神ヘラの伝令を担う使者であ

① 女王ヘラ

ギリシャ神話に登場するオリンポス12神の一柱であり、最高位の女神。主神ゼウスの妻でもある。

ることにちなみ、「恋のメッセージ」「吉報」などの
便りを表す花ことばがつきました。

　また、ヘラはアイリスにネックレスを贈ったといわ
れていて、アイリスが大空を渡るたびにそのネックレ
スが七色に輝き、虹となって道筋を照らしました。こ
の神話から、アイリスはギリシャ語で「虹」という意
味をもつようになりました。

## 三位一体②のシンボルとして捧げられる

　キリスト教では、アイリスが３枚の花びらから成る
ことから、三位一体のシンボルとして聖母マリアに捧
げることがあります。一方で、葉は刃のように鋭いこ
とから、わが子の苦しみを目の当たりにする聖母マリ
アの、身を切られるような悲しみを示すものとされる
こともありました。古代エジプトでも、アイリスの３
枚の花びらを、信仰・知恵・勇気の象徴としています。

② 三位一体

キリスト教における「父
（神）」「子（キリスト）」「聖
霊」は、一つの神が三つ
の姿となって現れたもの
であるという考え方。

**花を贈る**

## 天国への案内役として故人へ贈る

　女神となったアイリスが、女性の霊魂を虹の道を渡って天国に案内したことか
ら、古代ギリシャでは、女性が死ぬと墓にアイリスを供えるようになりました。
また、エジプト・カルナックの神殿にはいまもアイリスが飾られており、エジプ
トの神々の庭や墓、神像を飾るときにもアイリスが用いられていたと伝えられて
います。喪の色である白いアイリスは、イスラムのお墓に植えられることも。

№ 2

# アネモネ

Anemone

ハナイチゲ、ボタンイチゲ　*Anemone coronaria*　キンポウゲ科　4月〜5月

花ことば

待望
はかない恋

## 悲しみから生まれた、美しい花

　春風が吹き始めると花開くアネモネ。ヨーロッパでは16世紀から栽培され、現在花屋さんで見られるものは園芸品種。日本には明治初期に渡来しました。赤、ピンク、紫、青、白などのカラフルな花色と、一重、八重、半八重など様々な形で楽しませてくれます。ちなみに、花びらに見えるのは萼片です。

　美しい見た目から華やかな印象がありますが、意外にも花ことばは「はかない恋」。これは、ギリシャ神話の悲しい物語に由来しています。

　美の女神アプロディーテは、シリアの王子アドニスを愛していました。二人で狩りに出かけたある日のこと、アプロディーテはアドニスに「危険だから獣は追いかけないように」と言います。しかし、アドニスは猪めがけて槍を投げ、荒れ狂った猪がアドニスを突

16世紀から栽培

原産地はヨーロッパ南部から地中沿岸で、十字軍の遠征などにより世界中に広がったとされる。

アプロディーテ

ゼウスの祖父ウラノスの切断され海に落ちた生殖器についた泡から生まれた。オリュンポスの神々はアプロディーテの美しさに魅了され、オリュンポスへ迎え、ゼウスの養女となった。美と優雅を司る女神。

き殺してしまいました。悲しみにくれるアプロディーテは、ノドニスの血に神酒をふりまきました。すると、風が２度も吹けば花びらが散ってしまうほどはかない花が咲きました。その姿から、ギリシャ語の「アネモス（風）」が語源となり、花の名前はアネモネ、花ことばは「はかない恋」になったと伝えられています。「風」という意味をもつことから英名には「ウインドフラワー」という名があります。

## 優しい風が吹くのを待っていた

　「待望」という花ことばもギリシャ神話の物語から生まれました。

　あるところに、アネモネという美しい娘がいて、花の女神クローリスに仕えていました。アネモネに惹かれたクローリスの夫である西風の神ゼピュロスは、アネモネに夢中になり、そのことを怒ったクローリスはアネモネを離宮へと連れていきました。ところが、ゼピュロスはアネモネに会いに行き、寂しさに耐えかねていたアネモネはゼピュロスを次第に待ち望むようになります。クローリスは嫉妬に狂い、とうとうアネモネを花に変えてしまったのです。春と初夏の西から吹くそよ風を待っていたアネモネの姿から、「待望」という花ことばがつけられました。

№ 3 # アマリリス

**Amaryllis**

ナイトスターリリー、バーバドスリリー　*Hippeastrum*
ヒガンバナ科　4月〜6月、10月

花ことば

純粋
誇り
おしゃべり
虚栄心（紫）
輝くばかりの
美しさ（ピンク）

## まっすぐで純粋な愛のかたち

　ユリのような大輪の花を3輪〜4輪つけるアマリリスは、1本でも存在感たっぷり。中南米の野生種の花は正面から見ると星のように見えることから、「ナイトスターリリー」とも呼ばれています。学名のヒッペアストルム（*Hippeastrum*）は、ギリシャ語で「騎士の星」を表します。

　アマリリスという花の名前は、古代ローマの伝説に由来しています。羊飼いの少女アマリリスは、少年アルテオに恋をしていました。しかし、アルテオはほかの少女へ好意を寄せていると思ったアマリリスは、神様からもらった矢で自分の身を傷つけアルテオへの想いを叫びます。傷口からは血が流れ、そこに真っ赤な花が咲きました。17世紀に、南米の赤い花がヨーロッパにもたらされた際、この伝説の花が連想され、アマリリスと名付けられたといわれています。

① ヒッペアストルム
（*Hippeastrum*）

*Hippeastrum*の総称をアマリリスといい、原種は中南米・西インド諸島に90種ほどある。*Amaryllis*は旧属名。

　ちなみに、アルテオが愛していたのは、ほかの少女ではなく、じつはアマリリスでした。二人の純粋な愛の物語から、花ことばは「純粋」になりました。

## ラッパのような大輪につけられた、もうひとつの名前

　一方、ヨーロッパでは「おしゃべり」という花ことばがついています。これは、中世において噂話や悪口を言う人に、ラッパ形の拷問道具をつけさせて街角に立たせていたことから、ラッパ状の花をつけるアマリリスになぞらえたのでしょう。

　　花を贈る

## ブーケの主役に決まり

　迫力のある花、そして、太くまっすぐな茎が印象的なアマリリス。この姿を引き立てるように、カスミソウやソリダスターなどのフィラーフラワーや葉物がよく合います。ピンク色のアマリリスの花ことばは「輝くばかりの美しさ」ですが、紫色は「虚栄心」になるので、プレゼントに選ぶときは気をつけましょう。

№ 4

# アルストロメリア

**Alstroemeria**

ユリズイセン、インカリリー　*Alstroemeria*　アルストロメリア科　5月〜7月

花ことば

友情
幸福な日々

## 植物学者と男爵の友情から生まれた

　南米原産で、花姿がユリに似ていることから「Lily-of-Incas（インカのユリ）」と呼ばれるほか、「百合水仙」という別名ももつアルストロメリア。日本では、春から夏にかけて大輪の花を咲かせ、その花姿を楽しむことができます。花名は、スウェーデンの植物学者リンネ　と、リンネを師と慕ったアルストレーメル男爵の友情から生まれました。

　1753年のこと、アルストレーメル男爵は「インカのユリ」と呼ばれるペレグリーナ種の種子を師であるリンネに送りました。リンネはたいへん喜び、熱心にこの新種を研究しました。そして、アルストレーメル男爵に感謝の意を表して、この新種にアルストロメリアと名付けたのです。花の研究を支えた二人の絆から、花ことばは「友情」となりました。

植物学者リンネ

カール・フォン・リンネ（1707年〜1778年）。生物を分類した「分類学の父」と呼ばれ、雌雄蕊に基づく植物の分類法を提唱。のち、動植物を属名と種名で表す二名法を確立した。『自然の体系』『植物の種』などの著書がある。

## № 5　エンドウの花

**Pea**

ノラマメ、グリーンピース、サヤエンドウ、ヨサクマメ　*Pisum sativum*
マメ科　4月〜5月

### 花ことば

いつまでも続く楽しみ
永遠の悲しみ
約束

## 3000年の眠りから覚めた種子 !?

　蝶のような形の花を咲かせるエンドウ。食物として身近なグリンピースは、エンドウの若豆です。1956年、アメリカのイレーヌ・ファンスワーズ夫人が、紫色のサヤをつける変わったエンドウのタネを日本に送りました。夫人からの手紙には、「このエンドウの種子はエジプトのツタンカーメン王①の墓から発見され、3000年の眠りからさめて発芽したエンドウの子孫」と書かれていました。本当に3000年前の種子だったのかは不明ですが、夫人が送ったエンドウの子孫たちは、ロマン溢れるこのエピソードとともに日本各地へと、人から人に渡って広まりました。

　エンドウは占いにも用いられました。ヨーロッパでは、未婚の女性がエンドウのサヤ出しをして、豆が9粒入っているサヤを見つけると、サヤを窓枠の上に置き、部屋に最初に入った男と結婚するといわれました。

① ツタンカーメン王

古代エジプト第18王朝の少年王。1992年王家の谷から完全なミイラ姿で発掘された。

# カーネーション

**Carnation**

ジャコウナデシコ / *Dianthus caryophyllus* / ナデシコ科 / 3月〜5月

花ことば

無垢で深い愛
母の愛（赤）
女性の愛（ピンク）
純粋な愛（白）

## ピンク色の生肉が、花名の語源？

　カーネーションといえば「母の日」に贈る赤いカーネーションを思い浮かべる人が多いかもしれません。しかし、日本で「母の日」の習慣が始まる1949年頃までは、ピンク色のカーネーションが広く普及していたため、それまで日本ではカーネーションの花は「ピンク」という名で知られていました。

　原産地は地中海沿岸から西アジア地域で、カーネーションという花名の由来は諸説ありますが、イタリアでは生の肉を「Carne（カルネ）」と呼ぶため、同じピンク色をしている花をカーネーションと呼ぶようになったといわれています。

## キリストの受難から生まれた花

　ヨーロッパにおいて、カーネーションの花の誕生はイエス・キリストと聖母マリアの物語に由来するといわれています。イエスが十字架の上で処刑されたとき、イエスの手足に打たれていた釘をマリアは形見として拾い上げました。すると、血のついた釘が落ちていた場所から赤いカーネーションが咲きました。ここからドイツ語では、カーネーションを「小さな釘」を意味する「Nagelein」と呼ぶそうです。

## 近縁のナデシコは大伴家持も栽培

　ところで、カーネーションと同じ仲間である日本のナデシコ①も、古くから親しまれている花です。「うるはしみ吾が思ふ君はなでしこが　花に比へて見れど飽かぬかも」と詠んだのは、万葉歌人の大伴家持ですが、彼はナデシコの花をたいへん好み、自ら栽培もしていました。「我がやどに蒔きしなでしこいつしかも花に咲きなむなそへつつ見む」「大君の〈中略〉なでしこをやどに蒔き生ほし〈後略〉」——この２首は、日本で園芸植物を種子から育てた初の栽培記録といわれています。

① ナデシコ

漢字では「撫子」や「瞿麦」などと書く。秋の七草のひとつとしても知られる。北半球を中心に約300種分布しているといわれ、日本のみに自生している種もある。

> 花を贈る

## ウエディングドレスに隠された幸せの花

　カーネーションは、幸せな結婚と多産の象徴とされました。オーストリアのマクシミリアン大公は、結婚式の際、花嫁のウエディングドレスの中に隠されたカーネーションを探すように司教にいわれ、恥ずかしがりながらも夢中で探したという逸話が伝えられています。

> 花のrecipe

## アロマオイルのなかでも貴重な一滴

　別名「ジャコウナデシコ」からもわかるように、カーネーションの香りは甘くスパイシー。芳香性が高く、古くから香水の原料として使われてきました。精油は大変希少で高価ですが、アロマオイルとしても使用されます。効能に関する文献は少ないですが、リラックス効果、消化器系の不調改善などの効果があるといわれます。ほかの精油とブレンドするなどして、暮らしに取りいれてみてはいかがでしょう。

● 精油の特徴
トップノートにスパイシー感がある香り。
1000倍ほどに希釈すると、カーネーション
特有の香りがよく出る。

# 母の日

## 一人の女性が母親に贈ったことから始まった

　カーネーションを母の日に贈るようになったのは、アメリカのウエスト・バージニア州に住んでいたアンナ・ジャービスという女性が、自分の母の命日に母が好きだった白いカーネーションを教会で信者に配ったことがきっかけでした。アンナさんの母アン・ジャービスさんは、地域の医療・衛生環境を改善するために「Mother Day Work Club」というボランティア団体を立ち上げ、地域における医療補助活動を続けた女性でした。娘だけでなくアメリカ社会からも敬愛されていたのです。アンナさんの行動がきっかけで、国中で祝うようになり、ウィルソン大統領は1914年5月の第2日曜日を「母の日」と制定しました。

　この母の日は、のちに日本にも伝わりました。母の日に贈られるカーネーションは赤が一般的で、花ことばは「母の愛」です。現在、品種改良が進み、ピンクや白、黄色、オレンジ、淡紫など様々な色があり、贈る人、贈られる人の好みに合わせて選ばれています。

## № 7　キンセンカ

**Calendula, 金盞花**

トウキンセン、カレンデュラ　／　*Calendula officinalis*　／　キク科　／　3月〜4月

**花ことば**

悲しみ
寂しさ

## 太陽のような姿に秘められた悲しい物語

　空に向かって、黄色やオレンジの花を元気よく咲かせるキンセンカ。ヒマワリが出回る以前は、ヨーロッパでは、キンセンカが「太陽の花」とされていました。

　そんな明るいイメージがありますが、花ことばは意外にも「悲しみ」「寂しさ」。その由来は、ギリシャ神話にあるようです。シシリー島に住む少年クリムノンが、主神ゼウスの息子アポロン①に憧れ、のちに二人は深い絆で結ばれました。しかし、そのことを妬んだ雲の神が、8日間太陽の光を遮断してしまいます。アポロンがやっとの思いで雲を押しのけたときには、クリムノンは倒れ伏していたのです。アポロンは嘆き悲しみ、クリムノンを自分の輝きを映すキンセンカの花の姿に変えました。よってキンセンカはいまも太陽に向かって咲いています。この悲劇から悲しみを表す花ことばが生まれたといわれています。

①アポロン
ギリシャ神話に登場する、ゼウスとレトの子で女神アルテミスの双子の兄。光明や音楽を司る、若く美しい神。

# № 8  クレマチス

**Clematis**

テッセン ╱ *Clematis* ╱ キンポウゲ科 ╱ 5月〜10月

花ことば

精神美
高潔
策略
旅人の喜び

## 花名は、ギリシャ語でつるを表す言葉から

「つる性植物の女王」と呼ばれ、ものに絡みついて生育する性質をたとえて、英語では「Love」と呼ばれていました。ギリシャ語でつるを表す「Klema」から、クレマチスという名前がついたといわれています。

原種は世界で約300種あり、姿形はじつに様々。日本では、萼の形が風車のように見えることから「カザグルマ」、中国ではつるが針金状で堅いことから「鉄線」、英語では、種子の形が羽根に似ているので「老人のひげ」、旅宿の玄関や道端にはびこり、旅人を癒したため「旅人の喜び」などの呼び名があります。

花ことばの「策略」は、物乞いがクレマチスの葉の汁①で肌に腫れ物をつくり、哀れみ乞うのに利用したことからつけられました。つるを伸ばし、大きな花を次々に咲かせる様子が、内側からエネルギーがあふれ出るようで「精神美」という花ことばも生まれました。

① クレマチスの葉の汁

クレマチスの葉や茎には、プロトアネモニンやサポニンという有毒成分が含まれていて、汁に触れると皮膚がかぶれたり、水疱ができるなどの症状が現われることがある。

## № 9　サクラ

**Cherry blossom, 桜**

チェリー　*Cerasus*　バラ科　3月〜4月

花ことば

精神の美
優雅な女性

### 富士山でのタネ蒔きが名前の由来

　毎年開花を心待ちにしている花……といえば間違いなくサクラでしょう。「さくら（桜）」という名前は、一説によると、日本神話に登場する女神、木之花咲耶姫が富士山からタネを蒔き、日本中に広めたことからつけられたと伝えられています。

　サクラといえば「花見」ですが、サクラは平安時代の頃までは貴族や知識人だけが愛でるものでした。その頃は、サクラといえば山桜でしたが、江戸時代になり園芸品種や染井村の植木職人がオオシマザクラとエドヒガンから、品種改良を行ってソメイヨシノが生まれると、庶民も隅田川などで花見を楽しむようになりました。

ソメイヨシノ

江戸時代末期から明治時代初期に作られた品種。サクラが有名な吉野山にちなんで「吉野桜」と呼ばれていたが、染井村が起源であることと山桜とは異なるサクラということから、1990年に博物学者・藤野寄命が「日本園芸雑誌」の誌上で「染井吉野」と名付けた。

## 古くから日本人の心を映してきたサクラ

　『万葉集』には、サクラの名が詠まれた歌が40首、サクラの名前はないもののサクラを詠んだと想定される歌が10首あり、日本人にとって古くからサクラが特別な花であったことがうかがえます。

　「春さらば挿頭(かざし)にせむとわが思ひし　桜の花は散りにけるかも」「妹(いも)が名に懸けたる桜はな咲かば　常に恋ひむいや年のはに」という悲しい歌があります。この歌は、桜児(さくらこ)という美しい娘に恋をした二人の若者の物語から生まれました。二人の若者は、桜児と結婚するために決闘することにしたのですが、そのことに心を痛めた桜児はサクラの木に帯をかけ死んでしまいます。男たちは、血の涙を流しながらこの歌を詠みました。

　花のrecipe

### サクラの花の塩漬け　SALTED CHERRY BLOSSOM

　サクラの葉や花、樹皮などは塩漬けにすると、バニラに似た甘い香りがするクマリンという物質を作ります。お茶に浮かべたり、お菓子に添えたりして、楽しんでみてはいかがでしょう。

● 材料・道具
・サクラの花
・クエン酸または白梅酢
・塩
・ポリバケツ

● 作り方
① ポリバケツの底に塩を振り、摘みたての花を一段並べて塩をふる。
② ①を繰り返し、最後にクエン酸を水に溶いて縁から加える。
③ 水分が上がってきたら落し蓋を入れ、重石をのせて漬ける（2週間）。
④ 水分を取り除き、ザルなどに上げ陰干しにし、重量の20％の塩を軽く振って瓶などに詰めて保存する。

# スイートピー

**Sweet pea**

ジャコウレンリソウ、ニオイエンドウ / *Lathyrus odoratus* / マメ科 / 3月〜4月

花ことば

別　門
離　出

## スイートピーに囲まれて暮らしたイギリス王妃

　つる性の茎に、ピンクや白などの明るい色彩の花を咲かせるスイートピー。花が、いまにも飛び立ちそうな蝶の形をしていることから、「門出」「別離」という花ことばがつけられました。

　イタリアのシチリア島原産で17世紀に修道僧により発見され、その後19世紀にはイギリスにて品種改良が進み、大展覧会が開かれるまでになりました。イギリス・エドワード朝のアレクサンドラ王妃は、この花をたいそう気に入り、食卓や結婚式、晩餐会などあらゆる場所に飾ったことから、国民の間でもブームが巻き起こりました。200年祭の品評会で、W・T・ハッチング牧師が「スイートピーは世界中で歓迎される好ましい予言に満ちあふれている」と評しています。エンドウの花に似ていて、香りもよいですが、痙攣や脚の麻痺、失神などを引き起こす毒をもっています。

① エンドウの花

遺伝学の実験用にメンデルが「メンデルの法則」を発見する過程で、エンドウを使ったとあるが、実際はこのスイートピーを用いて研究がされた。

---

№ 11

# スズラン

Lily of the valley, 鈴蘭

キミカゲソウ、タニマノヒメユリ　*Convallaria majalis*　ユリ科　4月〜5月

花ことば

再び幸せが訪れる
謙虚
くもりのない純粋さ

## 村を守った隠者を称え咲いた花

キリスト教では聖母マリアの花①とされ、英語やフランス語では「聖母マリアの涙」と呼ばれていました。花ことばの「謙虚」「くもりのない純粋さ」は、控えめで慎み深いマリアの徳を讃えたものだといわれています。愛らしい姿をしていますが、有毒植物です。

スズランの花の誕生は諸説ありますが、イングランドのサセックス地方の伝承が有名です。聖レオナードという隠者が、イギリスの村を襲った龍と戦い、深い傷を負いながらも勝利しました。彼の血がしたたり落ちた場所は聖地となり、彼を讃えるかのようにその場に咲いたのがスズランでした。

また、フランスでは鈴なりに花のつく植物は幸せを呼ぶといわれ、5月1日を「スズランの日」とし、愛する人にスズランを贈る習慣があります。この習慣はシャルル9世の時代から続く歴史の古い行事です。

① 聖母マリアの花

スズランは聖母マリアの涙が地面に落ちたときに咲くといわれ、「聖母マリア」にちなんだ花ことばが多い。

№ 12 # スミレ

**Violet, 菫**

スミレ　*Viola mandshurica*　スミレ科　3月〜5月

花ことば

謙虚
貞節（紫）
無邪気な恋（白）

## ナポレオンが愛した花

　早春の雪解けとともに、紫色の小さな花を咲かせる
スミレの花。日本にも北海道から屋久島まで多種自生
しています。植物学者の牧野富太郎が、花の姿が「墨
入」に似ていることから、和名を「スミレ」としたと
いわれていますが、定かではありません。

　ナポレオンは「スミレ伍長」と呼ばれたほどのスミ
レ好きで、常にスミレの花を身につけていた ことか
ら彼のエンブレムとなりました。結婚記念日には妻・
ジョセフィーヌにスミレの花を贈っていたそうです。

　エルバ島へ島送りにあった際、友人に「スミレの花
が咲く頃に必ず戻る」と宣言し実現させたことで、フ
ランス全土にスミレの花が知られるようになりました。
支持者たちは、彼への忠誠の象徴としてスミレを身に
つけ、会合の際などに互いを識別する手段として使っ
ていたといわれています。

スミレの花を
身につけていた

ナポレオンの死後、彼の
ロケットの中からジョセ
フィーヌの遺髪とスミレ
の花が発見された。再び
島送りにあったときに、
妻の墓に咲くスミレを摘
み、それを身につけて島
へ向かったといわれる。

## 愛する女性に食べてもらうために咲かせた

　イギリスの植物学者・ジョンジェラードによると、「ヴァイオレット」という英名は、ギリシャ神話に登場する可憐な乙女イオの物語から生まれたそうです。主神・ゼウスは、イオを見初めて浮気をしましたが、嫉妬深い妻ヘラから隠すためにイオを白い牛に変身させました。しかし、あたりに生えていた草は粗悪で、イオに食べさせるわけにはいきません。そこでイオのためにヴァイオレットの花を創りました。この作戦に気づいたヘラは、変身したイオを容赦なくいじめます。ゼウスは海に身を投げるほど追い詰められたイオを許してもらうため、イオとの絶縁を誓って、イオを娘の姿に戻しました。「イオ（io）」が転訛し「ヴィオラ（Viola）」となり、さらに「ヴァイオレット（Violet）」と変化したという説があります。

　スミレは葬式でよく使われる花としても知られています。これは、スミレには、墓地から立ちのぼる有毒な発散物から参列者を守る力があるといわれているためです。墓地に植えられたり、墓の上に撒いたりする花として好まれています。イスラム教②では、予言者マホメットがスミレを好んだことから、神に近い存在とされています。

② イスラム教

イスラム教は動物などのモチーフが使えないため、スミレやチューリップなどの花の模様がモスクなどに文様として使われる。

# チューリップ

**Tulip**

ウッコンコウ / *Tulipa spp.* / ユリ科 / 4月

## チューリップの語源はトルコのターバン

春の訪れを祝福するように花開くチューリップ。イランを西端とした中央アジアで誕生し、15世紀にはトルコのスルタン・メフメト2世がチューリップを好んだことで国民にも親しまれるようになりました。バラやカーネーション、スミレなどを抑えて、「トルコの花」として地位を確立したほどです。

1554年、トルコを訪れた外交官ギリセン・ド・ビュスベックは首都イスタンブールでチューリップを初めて目にし、現地の人に、花をさして花名を尋ねました。ところが現地のその人は、花の名前ではなく隣にいた男性のターバンの名前を聞かれたと勘違いして「チュルベンド」と答えてしまいました。ビュスベックはチュルベンドを花の名前と思い、そこからチューリップに変化したと伝えられています。

(1) トルコの花

自生地であるトルコにおいて、チューリップはとても身近な花。オスマントルコ全盛期の18世紀には、イスタンブールの人々は庭でこぞってチューリップを栽培した。古いタイルや衣装、書道などにも原種のチューリップの文様を見ることができる。

## プロポーズを断り、 チューリップになった

　花ことばの「愛の告白」「思いやり」は、オランダに伝わるチューリップという名の少女と三人の騎士の物語から生まれました。

　あるところに、輝くばかりに美しいチューリップという名前の少女がいました。チューリップは三人の騎士からプロポーズを受けました。優しい騎士たちから一人だけ選ぶことはできないと悩んだ彼女は、花の女神フローラ② に頼み、花に姿を変えました。その花がチューリップです。彼らを大切に思う様子から、これらの花ことばが生まれたと伝えられています。

② 女神フローラ

ローマ神話に登場する花と春と豊穣の女神。ギリシャ神話の妖精クローリスとは同一とされる。

## オランダで巻き起こったチューリップ・バブル

　17世紀、オランダではチューリップの花がもつ豊富な色彩や、花びらに表れる模様が多くの人々を魅了しました。その人気は経済に影響を与えるほどで、球根の先物投資が横行した結果、市場が崩壊し、経済恐慌が起こったほどでした。その後も世界中で根強い人気を誇り、現在もなお、春を代表する花のひとつとして愛されています。現在、一般的に生産されているのは約150種といわれていますが、品種は約2000種もあります。

ナノハナ

Field mustard, 菜の花

*ハナナ、ナバナ、アブラナ / Brassica rapa var. / アブラナ科 / 2月〜3月*

花ことば

快活
小さな幸せ
明るさ

## 漱石や蕪村の作品にも登場

　黄色い絨毯を敷いたようなナノハナ畑は、春の田園風景として日本人の心に刻まれてきました。

　「菜の花畠に入り日薄れ」の歌詞で有名な唱歌「朧<sup>おぼろ</sup>月夜」の作詞家・高野辰之は長野県永田村の生まれ。永田村に広がるナノハナ畑の情景から生まれた歌で、高野氏はナノハナから採れる菜種油①で灯をつけていたそうです。夏目漱石や与謝蕪村もナノハナをたいそう好み、漱石は「草枕②」や「虞美人草<sup>ぐ　びじんそう</sup>」「門」の作品にナノハナを登場させました。蕪村の「菜の花や月は東に日は西に」という句も有名です。

　春の香りとともに幸せも運んできてくれるといわれ、「快活」「小さな幸せ」という花ことばがあります。

　春の味覚として、お浸しなどにして食べる人も多いと思いますが、野草と合わせて生けて観賞するのもおすすめです。

① 菜種油

アブラナの種子を絞って採った油。日本でもっとも古い油脂原料とされる。

② 草枕

作中で「ただ菜の花を遠く臨んだときに目が醒める」と、ナノハナを疲れた心を元気にする花として意味付けし、ドラマティックに活用した。

## № 15　バイモ

**Fritillary, 貝母**

バイモユリ、アミガサユリ、フリティラリア　*Fritillaria*　ユリ科　3月〜5月

花ことば

謙虚な心
才能

### 籠売りの少年の悲しい死から誕生

　和名は、球根が二つの鱗片からなり、貝を合わせたような形から「貝母（ばいも）」になったといわれています。花ことばの「謙虚な心」は、花色が淡く、下向きに咲くつつましい姿から。日本には漢方薬[1]として中国から渡来し、中国原産のアミガサユリのほか、複数の原種が自生しています。

　ギリシャ神話によると、籠売りの孤児フリチエールが自分で編んだ籠を売り歩いていると、金持ちの青年メレアグリスの目に留まり、彼のニワトリ番になりました。ところがある日、突風でニワトリを逃がしてしまいました。フリチエールは雨に濡れながら必死で探しましたが見つけられず、高熱が出て死んでしまいました。神々はあわれみ、彼の姿をフリティラリア[2]（バイモの英名）の花に変えました。花に編み目模様があるのは、彼が編んだ籠の名残と伝えられています。

[1] 漢方薬

地下茎は咳や痰、解熱などに効果があるとされている。

[2] フリティラリア

ギリシャ神話に登場するバイモは、地中海周辺に生育する原種によるといわれている。

## № 16 　バラ

**Rose, 薔薇**

チョウシュンカ、ソウビ　*Rosa*　バラ科　5月〜6月

### 愛の女神の誕生を祝福し生まれた花

　バラは、愛する人に贈る花の代表格で「花の女王」とも呼ばれています。その起源には諸説ありますが、7000万〜3500万年前、チベット周辺、中国雲南省からミャンマーにかけて原種①が多く生息していることから、起源の有力な候補とされています。

　あるギリシャ神話によると、大空の神ウラノスの性器が息子のクロノスによって切り取られ海に投げ込まれてしまい、血と海水が混じってできた泡から美の女神アプロディーテが生まれました。あまりの美しさに、神々はこの世の中でもっとも美しいバラを創り彼女を祝福したといいます。画家ボッティチェリの代表作「ビーナス②の誕生」にも、彼女を祝福し撒かれたバラの花びらが描かれています。

　11世紀になると、キリスト教によって、アプロデ

① 原種

原種は約200種類にのぼり、すべて北半球のみに分布する。

② ビーナス

ローマ神話でアプロディーテのこと。

ィーテに注がれていた母なる女性のイメージが聖母マリアへと受け継がれました。アプロディーテを象徴する花だったバラは、マリアを崇拝する人々に聖なる花として愛され、祝祭の日は、街中があふれんばかりのバラで飾られました。

## トゲがあるバラは、日本では嫌われ者!?

　『古今和歌集』で紀貫之はバラの花を「艶っぽい」と表現し、その美しさを詠っていますが、意外にもバラは、日本では近代になるまでなかなか普及しませんでした。理由は茎に生えるトゲです。奈良時代の『万葉集③』でも１首だけ詠まれていますが、登場するのは花ではなくトゲを意味する「うまら（棘原）」という言葉。美しさよりも人々の行動を妨げるものとして認識されていたのです。

　鎌倉時代になると種類が増え、江戸時代に入ると伊藤若冲が咲き広がる３色のバラを背景に１羽の小鳥を描いた「薔薇小禽図」など、日本画家たちによって美しいバラがたびたび描かれました。

　日本にもサンショウバラやハマナスなど原種があり、日本各地の山野に自生するノイバラは西欧に伝わり、耐病性と房咲きの特徴が注目されました。

③ 万葉集

「道の辺の荊」は野生のノイバラを指しているといわれ、平安時代に『枕草子』や『源氏物語』に「そうび（しょうび）」として登場する花は、中国から渡来したコウシンバラだと考えられる。

> 花を贈る

## 色、形、花の本数でも変わるメッセージ

　現在、１万5000種以上の園芸品種が作られているといわれます。花色によって花ことばが違うだけでなく、１本では「一目惚れ」、７本は「密かな愛」、108本は「結婚してください」など、１本から999本まで異なる意味づけがされています（p.64参照）。また、トゲは「不幸中の幸い」、八重咲は「プライド」など、本数だけでなく形や色によっても花ことばが変わります。ちなみに、黄色いバラの花ことばは「嫉妬」や「裏切り」などのイメージのよくないものが多いので、贈るときは気を付けましょう。

> 花のrecipe

## 落ち着きと癒しのローズティー　ROSE TEA

　バラの香りには頭痛を和らげ、心を鎮める働きがあることが認められています。無農薬で育てたフレッシュなバラの花びらで、香り豊かなローズティーを淹れてみてはいかがでしょう。

● 材料・道具
・バラの花びら　100g
・ミネラルウォーター　約600cc
・漉し器

● 作り方
①ミネラルウォーターを沸かす。
②ティーポットにバラの花びらを入れ、①の熱湯を入れて２〜３分間ほど抽出する。
③漉し器で漉した後、好きな器で楽しみます。

# サン・ジョルディの日

## 龍退治の伝説から生まれた花贈りの祭り

　サン・ジョルディとは、スペインのカタルーニャ地方の守護聖人として地域の人々に親しまれた騎士の名前です。実在したかどうかは定かではありませんが、トルコのカッパドキアで4月23日に殉死したと伝えられています。カタルーニャ地方では4月23日を「サン・ジョルディの日」と定め、毎年、この日になると男性から女性に花を、女性から男性には本を贈ります。街のあちらこちらで花市や本市が開かれ、賑やかな一日になります。

　なぜ、この日に本や花を贈り合うのか。それは、サン・ジョルディの龍退治の物語がはじまりです。

　サン・ジョルディは、龍に捕らえられたある国の王女を助けるために、剣を持って果敢に龍と戦い勝利します。サン・ジョルディが刺した龍の体からは血が流れ、血のついた地面からは美しいバラが次々に咲きました。サン・ジョルディは最も美しいバラを摘んで王女に贈り、二人は結婚して末永く暮らしました。サン・ジョルディの勇気を称え、二人の愛を祝福し、毎年4月23日に愛のシンボルとして赤いバラを贈るようになったのです。

　一方、本を贈るのは、サン・ジョルディの命日がスペインの文豪セルバンテスの命日と同じだったからだといわれています。

Nº 17 ヒヤシンス

**Hyacinth**

ヒアシンス / *Hyacinthus orientalis* / ユリ科 / 3月～4月

花ことば

悲しみ（紫）
控えめな愛らしさ（白）
変わらぬ愛（青）
スポーツ、
ゲーム（ピンク）

## 花びらに 「悲しみ」 が刻まれた花

　球根多年草のヒヤシンスは、ギリシャ地方原産の野生種を16世紀にオランダの商人がヨーロッパに持ち帰り、園芸種が作られました。球根から４枚～８枚の肉厚の葉が生え、中心から伸びた茎に鈴のような小花①が寄り集まりゴージャスな花をつけます。

　日本には、フランス人の造船技師で植物に造詣の深かったサバチエによって明治時代に渡来しました。淡青紫は原種本来の花色で、園芸種は黄、白、ピンクなどがあります。

　ギリシャ神話によると、主神ゼウスの息子アポロンは、ヒュアキントスという少年を可愛がり、何をするにも一緒に過ごしていました。鉄の輪投げをして遊んでいたある日のこと、アポロンが勢いよく投げた鉄の輪が、ヒュアキントスの額にあたって死んでしまいま

① 小花

野生種は淡青紫で、園芸種は黄、白、ピンクなど多彩。

した。アポロンは悲しみに暮れ、自身を責め続けました。そして、ヒュアキントスの亡骸に「私の悲しみを刻んだ花になって、私の中で生き続けよ」と語りかけると、ヒュアキントスから流れた血から紫色の花が咲きました。これが、ヒヤシンスの花の誕生です。その花は一度見たら忘れられないほど美しいものでしたが、アポロンの悲しみは癒されることはありませんでした。アポロンは、花びらにギリシャ語で「悲しい」を意味する「Ai Ai」と書いたと伝えられています。

## 色によって花ことばは様々

　キリスト教では、聖母マリアに捧げられ、天への憧れ、心の平安、賢明さなどを象徴する花として知られています。アポロンとヒュアキントスの伝説から、紫色のヒヤシンスの花ことばは「悲しみ」ですが、白は「控えめな愛らしさ」、青は「変わらぬ愛」など色によって違います。ヒュアキントスの鉄の輪を投げたエピソードから、ピンク色のヒヤシンスには「スポーツ」や「ゲーム」という花ことばがつけられました。

　球根花なのでガラスの器で水栽培したり、スミレやクリスマスローズなどの春の花と合わせて花束にしたりすると可憐に仕上がります。

| 花を贈る |
| --- |

### 大切な人を悼む思いを込めて

　ギリシャ語の「Ai Ai」が、同じくギリシャ語の「永遠」を意味する言葉と発音がよく似ていることから、「思い出」を象徴する花とされています。そのため、昔は墓石にヒヤシンスの花を彫ることがよくありました。

# フリージア

**Freesia**

アサギスイセン、コウセツラン / *Freesia refracta* / アヤメ科 / 3月〜4月

## 研究を支えてくれた友の名前が由来

　香りがよく、香雪蘭（こうせつらん）とも呼ばれるフリージア。あどけない花の表情から「あどけなさ」「無邪気」という花ことばが生まれました。黄色やピンク、赤などの鮮やかな花色のなかでも、白い花がもっとも甘い香りを漂わせます。温暖な気候を好むため、日本では八丈島で盛んに栽培されています。

　フリージアはデンマークの植物学者クリスチャン・フリードリヒ・エクロンによって南アフリカ①で発見されました。エクロンは自分の名前ではなく、研究を支え続けてくれた親友のドイツ人医師フレーゼ（Freese）に敬意を表して「フリージア（Freesia）」という花名にしたといわれています。西洋ではこのエピソードにちなんで、「友情」「信頼」という花ことばもあります。

① 南アフリカ

12種の野生種が南アフリカに分布している。自生地の多くは、夏に乾燥し、冬に湿潤となる地中海性気候。

## № 19 ボタン

Tree peony, 牡丹

ハツカグサ、フカミグサ、カオウ、カシン、フウキソウ　　*Paeonia suffruticosa*
ボタン科　4月〜5月

**花ことば**

王者の風格
恥じらい
人見知り

### 王者の風格を感じさせる大輪の花

　柔らかく薄い花びらを何枚も重ね、大輪を咲かせるボタン。原産国である中国では「花王」「花神」と呼ばれたことから「王者の風格」という花ことばがあり、その風格を感じさせる伝説も残っています。

　唐の則天武后が雪見の宴を催した際、何もない真っ白な庭を見て、「花の精たちよ、ただちに目覚めて花を咲かせよ」と命令しました。武后を恐れて花たちは次々花を咲かせましたが、ボタンだけは従いませんでした。怒った武后は長安からボタンを追放しましたが、ボタンは辿り着いた地①でのびのびと育ちました。

　「ボタン（peony）」のギリシャ語は、ギリシャ神話に登場する神々の医師パイエオン（Paeon）から名付けられたといわれています。また、古代ギリシャの詩作品「イーリアス」には、ボタンには流血を止めるほか、20もの病を治す薬草②だと書かれています。

① 辿り着いた地

この辿り着いた地が、一説によると河南省西部の洛陽で、今もボタンの名所として知られている。

② 薬草

ボタンの花はかつて月経困難や便秘の薬として用いられた。

# マーガレット

**Marguerite**

パリスデイジー、モクシュンギク　　*Argyranthemum frutescens*
キク科　　3月～6月

## 王女である証に身に着けた

　マーガレットはキク科の多年草で原産はカナリア諸島。ヨーロッパに伝わったのは16世紀中期、もしくは17世紀後期といわれ、それ以前にマーガレットと呼ばれていたのは別の植物でヒナギク①であることが多いようです。

　「好き、嫌い、好き……」と言いなから花びらを１枚ずつ引き抜き、恋心を占ったことから「心に秘めた恋」「恋占い」という花ことばが生まれました。葉の形が春菊に似ていることから、日本では「木春菊」とも呼ばれています。

　昔、イギリス貴族の間では自分の地位を示すために徽章をつけることが流行しました。王女たちは好んでマーガレットを身につけたといわれ、イギリスのヘンリー6世に嫁いだマーガレット・オブ・アンジューも

① ヒナギク

キク科の多年草で、ヨーロッパ原産。イタリアの国花でもある。日本には明治時代にもたらされ、北海道などの涼しい地域で育てられた。長い間花が咲き続ける様子から延命菊、長命菊という名前もつけられている。

その　人でした。彼女は三つのマーガレットの徽章を
身につけ、廷臣や付人の衣装にもマーガレットの図案
を縫いつけるほど、マーガレットは特別な花だったよ
うです。ほかにも、ナバル王国とフランスの女王だっ
たマルグリート・ド・ヴァロアもマーガレットをたい
へん気に入っていました。マルグリートは政略結婚に
より苦境に立たされましたが、無事にナバルへ戻った
ときには歓迎を受け、"マーガレット中のマーガレッ
ト"の花束を受け取り、ナバル女王の花として採用さ
れました。彼女が宮廷につくった庭は、シェイクスピ
アの喜劇『恋の骨折り損』の舞台にもなっています。

## 女性の守護神アルテミスに捧げられた花

　マーガレットは、ギリシャ語で「真珠」を意味し、
花の白さも真珠にたとえられることもありました。古
代ギリシャでは、女性の守護神アルテミス②に捧げら
れたことから、「真実の愛」「信頼」という花ことばも
あります。白のほかに、黄色の花色も昔から親しまれ
ていますが、近年、紫がかったローズ色も人気です。
　ロシア語ではマルガリータ、ドイツ語ではマルガレ
ーダといいます。ゲーテの戯曲『ファウスト』に登場
するファウスト博士の恋人マルガレーダのように、各
国で女性の名前に使われています。

② 守護神アルテミス
ギリシャ神話に登場する
狩猟、貞節の女神。

# ミモザアカシア

**Mimosa**

ギンヨウアカシア、フサアカシア / *Acacia dealbata, A.baileyana* /
マメ科 / 2月〜4月

## ミモザという花は存在しない!?

　小さな花が集まり仲良く並んでいる姿から、ミモザ
アカシアには「友情」という花ことばがあり、イギリ
スやドイツでは友情のシンボル①とされています。
　「ミモザ」と聞くと黄色くてふわふわした花姿をイ
メージする人が多いと思いますが、もともとは同じマ
メ科ミモザ属のオジギソウ②を指していました。とこ
ろが、南フランスからイギリスにアカシアが輸入され
る際、アカシア属の葉がミモザ属の葉によく似ていて、
花の形もオジギソウに似ていたことから、アカシアの
ことを「ミモザ」と呼ぶようになったのです。けれど
も「ミモザ」とは、もともとオジギソウを指す名称だ
ったので、黄色いふわふわとした花を咲かすものを
「ミモザ」と区別するために「ミモザアカシア」と呼
ぶようになりました。ミモザ属のオジギソウと、アカ

① 友情のシンボル

ミモザの花の、小さな花
が仲良く集合して並んで
いる様子から「友情のシ
ンボル」とされた。

② オジギソウ

花はピンク色で、ポンポ
ンのような形をしている。

シア属のアカシアは異なる植物なので、アカシアをミモザと呼ぶのは厳密にいえば間違いです。

　ちなみに、ミモザアカシアの原産はオーストラリアで、オジギソウは南アメリカからメキシコの地域が原産地とされています。オジギソウは葉に刺激を与えると葉が動きますが、ミモザアカシアは触れても動きません。

## 告白するときにはミモザを贈る

　ミモザアカシアには「秘められた愛」という花ことばがあります。これは、ネイティブアメリカンの告白の方法に由来しています。ネイティブアメリカンの若者たちは、好きな人に告白するときにミモザの花を贈る習慣があるのですが、相手が無言で受け取れば想いが伝わったというサインで、告白は成功。ミモザに込めた想いが花ことばに表されているのです。ただ、ミモザアカシアの原産地はオーストラリアのため、ネイティブアメリカンがミモザアカシアを知っていた可能性は低いと考えられていて、マメ科の植物で北米原産のもの、たとえばプレーリー・ミモザとも呼ばれるハイクサネムなどに親しんでいたと推測されます。

花を贈る

### ドライフラワーとして長く楽しめる

　数本束ねただけでもボリュームが出て、春の香りを楽しめるミモザの花束。ドライフラワーに向いているので、ミモザが家にやってきたら、ぜひ乾燥させて、長く楽しみましょう。上手にドライフラワーにするコツは、①余計な葉は取る ②保水してあった場所は切り取る　③少量を束にして、直射日光を避けて吊るすことです。

花のrecipe

### ミモザのカクテル　CHAMPAGNE A L' ORANDGE

　この世でもっともぜいたくなオレンジジュースといわれるカクテル「ミモザ」。シャンパンをベースに作られ、もともとは上流社会でシャンパン・ア・ロランジェと呼ばれて愛飲されていましたが、ミモザのように鮮やかな黄色をしていることから「ミモザ」と呼ばれるようになりました。ちなみに花のミモザのエキスは一滴も入っていません。

●材料
・シャンパン
・オレンジジュース

●作り方
冷やした材料を同量グラスに注ぎ、軽くかき混ぜる。

# ミモザの日

## 男性が女性に感謝の気持ちを伝える

　3月8日は、国際女性デーとされていて、女性の人権に関する記念日です。国際女性デーは1975年に制定され、1977年に3月8日と決められました。イタリアではこの日を「フェスタ・デラ・ドンナ（FESTA DELLA DONNA）」と呼び、次第に「女性の日」や「ミモザ祭り」、そして男性が女性に日ごろの感謝の気持ちを込めてミモザを贈る「ミモザの日」として定着しました。なぜミモザかというと、ミモザが愛や幸運を呼ぶ花であること、また、イタリアの女性組合ができた際、ミモザをシンボルにしていた、など諸説あります。なお、3月8日が選ばれた理由は、はじめてアメリカで女性がデモを行なったのが3月8日だったからだといわれています。

　男性は妻や恋人だけではなく、身近にいる女性にもミモザを贈るため、街は黄色い花でいっぱいになります。この日は、女性たちは家事や育児から解放され、夜遅くまで友達と自由に楽しむ日となっているようです。

　また、フランス・カンヌの郊外にあるボルム・レ・ミモザからコート・ダジュール地方の街グースまでの地域は、ミモザの栽培が盛んで、約130kmにわたる地中海沿いの道はミモザ街道と呼ばれています。なかでも、街道沿いのマンドリュー・ラ・ナプールという街では1931年から毎年2月に「ミモザ祭り」が開催されています。ミモザをはじめ、マリーゴールドやアネモネ、カーネーションなどこの時期に咲く花々で台車を飾りパレードが行われ、街全体が黄金色に輝きます。

# ムスカリ

**Muscari**

ルリムスカリ、グレープヒヤシンス / *Muscari spp.* / キジカクシ科 / 3月〜4月

花ことば

失望
悲嘆

## 人類最古の利用花のひとつ

　ブドウを逆さにしたような形をしたムスカリの花。
香りが強く、「麝香」を意味するムスクからムスカリ
と名付けられました。ただ、残念ながら園芸品種では
その香りは失われています。

　ヨーロッパでは、紫色は高貴さ、悲しみを表し、そ
の悲しみの意味合いから「失望」「悲嘆」という花こ
とばが生まれたといわれています。

　イラク北部の洞窟からは、6万年前の死者の側でム
スカリの花粉が出土し、人類最古の利用花①のひとつ
とされています。ムスカリは、古くは薬用としても用
いられていました。薬草学の父といわれた古代ギリ
シャの植物学者で医者のペダニウス・ディオスコリデス
は『薬物誌』で、「この植物は、深い森の中、山の頂
で、竜の血から作られたといわれる」と書いています。

① 利用花

観賞するだけでなく様々
な場面で用いられた花の
こと。

№ 23 # ヤグルマギク

Cornflower, 矢車菊

ヤグルマソウ / *Centaurea cyanus* / キク科 / 5月〜6月

花ことば

優
美

上
品

華
奢

## ギリシャ神話の二つの伝説から学名が生まれた

　端午の節句が近づくと花が咲くヤグルマギク。花の形が鯉のぼりの先端につける矢車に似ていることから、この花名がつけられました。

　学名の前半分（属名）「Centaurea（ケンタウレア）」はギリシャ神話に由来しています。ケンタウロス族①の長ケイロンは、ヘラクレスが持っていた毒矢を落とし、自分の足を刺してしまいます。命を落としかけながらも、ヤグルマギクの薬効で傷を治したことから語源となり、属名がつけられました。同じく、学名の後ろ半分（種小名）「cyanus（キュアヌス）」もギリシャ神話によるものです。妖精クローリスに想いを寄せる若者キュアヌスは彼女の神殿に捧げるため、毎日麦畑で花輪を編んでいました。キュアヌスが死んだとき、フローラは彼の献身への報酬として、彼の姿を彼が愛したヤグルマギクに変えたそうです。

① ケンタウロス族

ギリシャ神話に登場する半人半馬の種族。

Nº 24

# ライラック

Lilac

リラ、ムラサキハシドイ / *Syringa vulgaris* / モクセイ科 / 4月〜5月

花ことば

青春の想い出
初恋
恋の芽生え
青春の喜び

## 失意のもと命を落とした娘に捧げられた

ライラックは、アラビア語やペルシャ語で「青」という意味。赤や黄色など様々な花色がありますが、もともとは薄紫色が主流でした。茎は、髄をくりぬくと中空になり、パイプのようになることからギリシャ語でパイプ①を意味する「syrinx」が属名になりました。

悲しい伝説もあります。イギリスのハートフォードに暮らしていた娘が、やさしさに貴族に見初められ結婚の約束をしました。しかし、結婚の準備をした純粋な娘は裏切られて失意のもと死んでしまいました。彼女を哀れんだ人々は彼女の墓に薄紫色のライラックを捧げたところ、翌朝、その枝が一晩で根付き、すべて真っ白な花に変わっていました。

花弁は4枚ですが、5枚ある「ラッキーライラック」を見つけると幸せになるといいます。葉がハート形のため、恋にまつわる花ことばが多いようです。

① パイプ

トルコ人はこの茎でパイプを作り、のちにヨーロッパへと伝わった。

№ 25

# ラナンキュラス

Ranunculus

ハナキンポウゲ / *Ranunculus asiaticus* / キンポウゲ科 / 4月〜5月

## 友人の幸せを願って咲いた花

　花名はラテン語でカエルを意味します。葉の形がカエルの足に似ていて、カエルが多く住む湿地に生えることに由来しています。原種の花は黄色でツヤがあるため、バターカップという英名もついています。明るい花色から「晴れやかな魅力」という花ことばも生まれました。

　ギリシャ神話をもとにした友情物語が伝えられています。美青年のピグマリオンと、金茶色の肌色の男ラナンキュラスは親友でした。ところが二人は同じ娘を好きになってしまいます。娘がピグマリオンを好きだと知ったラナンキュラスは身を引き一生を終えます。彼の死後、ピグマリオンはラナンキュラスを探し、ようやく辿り着いた彼の墓①で小さな金茶色の花②を見つけました。それはピグマリオンの幸せを願ったラナンキュラスの思いやりを表すような佇まいでした。

① 彼の墓

場所はシシリー島だったとされる。

② 金茶色の花

ラナンキュラスの原産地はトルコやイランを含む西アジア一帯で、ヨーロッパで栽培が始まったのは16世紀であることから、ギリシャ神話に登場したのは同じキンポウゲ科のハイキンポウゲ近縁だと考えられる。

# ワスレナグサ

**Forget me not, 勿忘草**

ミオソティス / *Myosotis scorpioides* / ムラサキ科 / 4月〜5月

花ことば

私を忘れないで
真実の愛

## 川に消えた恋人の忘れ形見

　青やピンク、白などの可憐な花をつけるワスレナグサ。葉が小ネズミの耳のように柔らかいことから、ハツカネズミの耳を意味する「ミオソティス」という別名がついています。名前にちなむ伝説は数多く残っていますが、ドイツに伝わる話が有名です。

　恋人同士の美しいベルタと若い騎士ルドルフはドナウ川のほとりを歩いていました。ベルタが水際で咲く青い花①を気に入ったので、ルドルフは花を摘もうと川へ近づきました。その時、足元の土が崩れ川へと落ちてしまいました。ルドルフは花を岸に投げると「僕を忘れないで！」と叫び水の中に姿を消してしまいました。ベルタは死ぬまでその花を髪に挿し、彼を想い続けたことから「ワスレナグサ」という花名がつきました。花ことばは、「私を忘れないで」のほかに、二人の絆から「真実の愛」もあります。

① 水辺で咲く青い花

お話しにあるように、ワスレナグサは水辺に咲く1年草。園芸でも、やや水の多い場所を好む。

## 自分の名前を二度と忘れないように……

　キリスト教にも有名な伝説が残っています。神はアダムに、エデンの園に咲く木や花、住んでいる生き物すべてに名前をつけるように命じました。アダムが名前をつけ終わると、神は一つひとつに「名前は？」と尋ねてまわりました。ところが、ある花が青ざめて震えているので理由をきくと、自分の名前を忘れてしまったと言いました。神は「それでは、もう二度と名前を忘れないようにお前の名前はワスレナグサにしよう」と言いました。

　イングランドでは、ヘンリー4世②が流刑にされた際、この花を紋章にし、「私を忘れるな」と願ったことから、14世紀には騎士たちがこの花を紋章として着用したといわれています。

② ヘンリー4世

ランカスター朝最初のイングランド国王。従兄のリチャード2世と対立し、フランスのパリに追放されたが、リチャード2世の遠征中にイングランドに戻り、彼を倒して王位を継承した。

　花を贈る

### 新しい恋を結ぶ花

　ドイツでは、偶然見つけたワスレナグサを左脇に挟んで帰宅すると、そのあとに会った人から伴侶となる人の名前を知らされるといわれています。スイスではワスレナグサをポケットに入れて好きな人に会いにいくと、その恋が成就すると伝えられています。

# ゲッケイジュ　Bay Laurel, 月桂樹

ローレル、ローリエ　/　*Laurus nobilis*　/　クスノキ科　/　4月〜5月

### 花ことば

死すとも変わらず
栄光
名誉
勝利
輝ける未来

## 月桂冠は、 愛の証・栄誉のしるし

　淡い黄色の小花を葉脇に咲かせる常緑樹です。ギリシャ神話によると、河の神の娘ダフネ①は主神ゼウスの息子アポロンの求愛を拒み、逃れるために父に頼んでゲッケイジュに変身しました。悲しんだアポロンはダフネの一部であるゲッケイジュから作った冠を愛の証として永遠に身に着けました。この伝説から、葉には「死すとも変わらず」という花ことばがあります。

　また、アポロンはゲッケイジュの葉を、勇気、奉仕、美の創造に秀でた人間の頭にかぶせる冠として使うよう命じました。英語「Baccalaureate (学士号)」は、「ゲッケイジュの果実」という意味で、大学で学問的栄誉を受けた詩人や学者がこの樹の頭飾りをつけるという意味があります。

　中世では、葉は、香りづけに使われるほか、オレンジの皮と煮込んだ水は食卓の手洗い水②になりました。

① 河の神の娘ダフネ

ギリシャ神話に登場するテッサリア地方の河の神ペネイオスの娘。

② 手洗い水

17世紀〜18世紀にフォークやスプーンが一般的に使われるようになるまでは、直接手で食べる文化だったため、水を入れたフィンガーボウルで指先を洗っていた。中世ヨーロッパの上流階級の間では水に香りをつけることが流行していた。

# サンシュユ　Cornelian cherries, 山茱萸

ハルコガネバナ、アキサンゴ ／ *Cornus officinalis sieb.et* ／ ミズキ科 ／ 3月〜4月

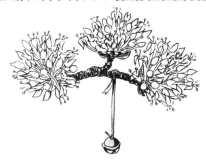

**花ことば**

耐久
持続
気丈な愛

## 宮崎県の村に伝わる悲恋伝に登場

　早春のまだ葉が出る前の枝いっぱいに、小さな黄金色の花を咲かせるサンシュユ。春の花ですが、秋には赤い実をつけることから「秋珊瑚（あきさんご）」とも呼ばれます。乾燥させた実を煎じて飲むと滋養強壮に効くといわれ、元々は中国から薬用として日本に渡ってきました。

　宮崎県東臼杵郡椎葉村①の民謡「稗搗節（ひえつきぶし）②」には、「庭の山椒（さんしゅ）の木　鳴る鈴かけて　よーおー　ほい（略）」というふうに、サンシュユの花が登場します。椎葉村には、平家の落人達を追ってきた那須大八郎と平家の鶴富姫の悲恋伝があり、これをもとに「稗搗節」が生まれました。サンシュユを山椒と書くのは、方言で山椒のことを「サンシュ」というからです。大八郎と鶴富姫は、サンシュユの木に鈴をかけ、その音を合図に逢瀬を重ねていたと歌われています。

① 椎葉村

源平合戦に敗れた平家の落武者が住み着いたといわれる地域。

② 稗搗節

東臼杵郡椎葉村地方で、稗をつくときに歌われた仕事歌。

## モクレン　Lily magnolia, 木蓮

モクレンゲ、シモクレン、モクヒツ　/　*Magnolia liliiflora*　/
モクレン科　　4月〜5月

花ことば

崇高
威厳
自然への愛
持続性

### 大きな筆のような花は存在感たっぷり

　その花の姿が筆のようにも見えるため、「木
筆（もくひつ）」という別名もあります。白花のモクレンは
「玉蘭」と呼ばれ、原産である中国ではとても
大事にされてきました。紀元前、中国戦国時代
の楚の政治家・屈原（くつげん）は、モクレンの葉にたまっ
た露を集めて喉を潤したと伝えられています。

　一方、アメリカの先住民①は「ニオイが強す
ぎるため、花の下では決して眠らない。木の枝
を一本寝室の中に入れておくと、一晩で人が死
んでしまう」と信じ、あまり好んでいなかった
ようです。日本への渡来時期は不明ですが、貝
原益軒がまとめた花の咲く植物を集めた書籍
『花譜』（1698年刊）では玉蘭をハクモクレ
ンと読ませています。

① アメリカの先住民

モクレンは中国原産の花
木のため、古くからネイ
ティブアメリカンに知ら
れていた可能性は低い。
アメリカ先住民が意味し
たのは同じモクレン科で
北米大陸原産のタイサン
ボクと推測される。

# ネコヤナギ Rose-gold pussy willow, 猫柳

タニガワヤナギ、エノコロヤナギ ／ *Salix gracilistyla* ／
ヤナギ科 ／ 3月〜4月

花ことば

努力が報われる
自由
思いのまま
素直

## しなやかで美しい女性を表した

　中国と日本原産で、日本全国の水辺で昔から
よく見かけるネコヤナギ。細い枝に猫のしっ
ぽ① のような白銀色の花穂をつけるため、「川
猫」「猫花」「猫猫」という呼び名もあります。
　ヤナギ科で生命力が強く、枝を全て切り取っ
ても新たな枝が伸び、挿し木にしても簡単に根
付くほど。「柳に風」「柳に雪折なし」という
言葉があるように、柳の枝は柔軟で弾力性があ
るのも特徴です。美人をたとえるときに、柳の
葉のように細く美しい眉を「柳眉」、しなやか
な腰つきを「柳腰」というのは、柳の若い枝の
柔らかさからついたとされています。一方、柳
は「枝垂れる」という意味から縁起が悪い② と
され、庭に植えるのは好まれていません。

① 猫のしっぽ

ネコヤナギの英名も
pussy Willow（子猫の
尻尾）で日本語と同意。
イギリスでは「Goat
Willow」（ヤギの尻尾）
と呼ばれる。

② 縁起が悪い

一方、西洋でのネコヤナ
ギの花ことばは「mothe
rhood（母性）」（英）
「recovery from illness
（病気からの回復）」
（英）がある。

64

COLUMN 1

# 花の数と意味の話

　「愛」という花ことばをもつバラは、告白のシーンにぴったりの花ですが、じつは贈る本数によって花に込められる意味が変わってきます。

　例えば、3本だと「愛しています」という告白を意味しますが、108本になると、「結婚してください」というプロポーズの意味になります。気を付けたいのは、15本は「ごめんなさい」、16本は「落ち着かない愛」というように、愛を伝える場面には適さない本数もあること。下記のリストで、ぜひ本数と意味をチェックしましょう。それにしても、1001本のバラの花束の重さといったら、いったいどれくらいになるのでしょう？

| | | | |
|---|---|---|---|
| 1本 | 一目惚れ　あなたしかいない | 20本 | 感謝 |
| 2本 | この世界は私とあなただけ | 21本 | あなただけに尽くします |
| 3本 | 愛しています　告白 | 22本 | 幸福をお祈りします |
| 4本 | 一生愛し続ける | 24本 | 一日中思っている |
| 5本 | 心から嬉しい | 25本 | 幸せを祈ります |
| 6本 | お互いに思いやる | 30本 | ご縁を信じます |
| 7本 | 密かな愛 | 36本 | ロマンチック |
| 8本 | あなたの心遣い、激励に感謝 | 40本 | 真実の愛を誓う |
| 9本 | いつまでも一緒に | 44本 | 不変の愛を誓う |
| 10本 | あなたはすべてが完璧 | 50本 | 偶然の出会い |
| 11本 | あなたは私の宝物 | 66本 | 細水長流（中国語でたゆまぬ努力） |
| 12本 | 私と付き合ってください | 88本 | フォローを心がける |
| 13本 | 永遠の友情 | 99本 | 永遠の愛　ずっと一緒にいよう |
| 14本 | 誇らしい | 100本 | 100％の愛情 |
| 15本 | ごめんなさい | 101本 | あなただけを愛する　最愛 |
| 16本 | 落ち着かない愛 | 108本 | 結婚してください |
| 17本 | 絶望的で挽回できない愛 | 365本 | 毎日、君を思う |
| 18本 | 誠意ある告白 | 999本 | 何度生まれ変わってもあなたを愛す |
| 19本 | 忍耐と期待 | 1001本 | 永遠に |

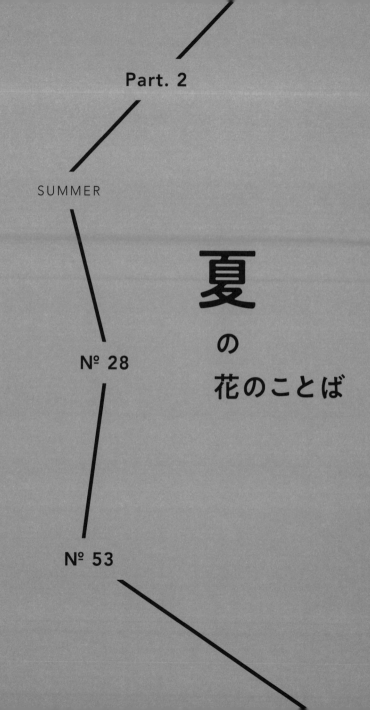

Part. 2

SUMMER

夏
の
花のことば

# SUMMER
# Calendar

夏に咲く花は多いですが、
農作業の繁忙期というのも
あり、祭りは限られた日に
行われる傾向にあります。
季節を伝える七十二候に多
くの花の名があるため、忙
しいなかで花が人々の癒し
になっていたことがわかり
ます。

6月
二十四節気では芒種と夏至
にあたり、北海道以外では
梅雨入りして雨の日が多
くなる季節。新緑のなかア
ジサイなどの色鮮やかな花
も増え、視界に彩りを与え
てくれる。

7月
二十四節気では小暑と大暑
にあたり、梅雨が明けると
日に日に暑さが増していく
季節。小さく可愛らしいカ
スミソウと天の川が似てい
ることから、織姫と彦星が
一年に一度会うことのでき
る七夕の日は、カスミソウ
の日でもある。

8月
二十四節気では立秋と処暑
にあたる。立秋以降は暦の
上では秋だが、青空と入道
雲、強い日差しでまだまだ
夏を感じる季節。お盆が近
づくとユリやキクといった
白い花を目にする機会も多
くなる。

**太字**：本書での掲載花
㋑：二十四節気
㋱：七十二候
＊各種イベントは年ごとに
誤差が生じるため、日付は毎
年異なります。(2022年版)

| | | |
|---|---|---|
| 6 | June | 〈 水無月 〉 |
| 1 | | |
| 2 | | |
| 3 | | |
| 4 | | |
| 5 | | |
| 6 | 芒種 ㋑<br>蟷螂生（かまきりしょうず）㋱ | |
| 7 | | |
| 8 | | |
| 9 | | |
| 10 | | |
| 11 | 腐草為螢（くされたるくさほたるとなる）㋱ | |
| 12 | | |
| 13 | インフィオラータ | 毎年5月～7月にイタリアやスペインを中心に世界各国で開催される、1778年から続く祭り。花の絨毯を道路に敷き詰め聖体の行列を迎えるキリスト聖体祭の行列のひとつ。 |
| 14 | | |
| 15 | | |
| 16 | 梅子黄（うめのみきばむ）㋱ | |
| 17 | | |
| 18 | | |
| 19 | 父の日<br>（6月第3曜日） | アメリカ発祥。父親に黄色いバラを贈ることが多いが、ヒマワリを贈ることもある。 |
| 20 | | |
| 21 | 夏至 ㋑<br>乃東枯（なつかれくさかるる）㋱ | 一年でもっとも昼が長い日。イギリスではこの日、世界遺産のストーンヘンジで朝日を見るイベントがある。ほかに、北欧では大きな焚き火や、花で飾った柱を立てて、その周りで歌い踊る夏至祭が行われる。 |
| 22 | | |
| 23 | リーゴ | ヤーニスとも呼ばれ、ラトビアの夏至祭。女性は花の王冠を、男性はナラの木の葉っぱで作られた王冠をつける。 |
| 24 | | |
| 25 | | |
| 26 | | |
| 27 | **菖蒲華**（あやめはなさく）㋱ | |
| 28 | | |
| 29 | | |
| 30 | | |

# 7 July 〈 文月 ふみづき 〉

| | |
|---|---|
| 1 | |
| 2 | 半夏生（はんげしょうず）㊂ |
| 3 | |
| 4 | |
| 5 | |
| 6 | |
| 7 | 小暑 ㊀ 温風至（あつかぜいたる）㊂ **カスミソウの日** |
| 8 | |
| 9 | |
| 10 | |
| 11 | |
| 12 | **蓮始開**（はすはじめてひらく）㊂ |
| 13 | |
| 14 | |
| 15 | |
| 16 | |
| 17 | 鷹乃学習（たかすなわちがくしゅうす）㊂ |
| 18 | |
| 19 | |
| 20 | |
| 21 | |
| 22 | |
| 23 | 大暑 ㊀ 桐始結花（きりはじめてはなをむすぶ）㊂ |
| 24 | |
| 25 | |
| 26 | |
| 27 | |
| 28 | 土潤溽暑（つちうるおうてむしあつし）㊂ |
| 29 | |
| 30 | |
| 31 | |

カスミソウの小さくて細かい花を天の川に見立て、七夕と同日になっている。

# 8 August 〈 葉月 はづき 〉

| | |
|---|---|
| 1 | |
| 2 | 大雨時行（たいうときどきふる）㊂ |
| 3 | |
| 4 | |
| 5 | |
| 6 | |
| 7 | 立秋 ㊀ 涼風至（すずかぜいたる）㊂ |
| 8 | |
| 9 | |
| 10 | |
| 11 | |
| 12 | |
| 13 | お盆（8月13日〜16日） 寒蝉鳴（ひぐらしなく）㊂ |
| 14 | |
| 15 | |
| 16 | |
| 17 | |
| 18 | 蒙霧升降（ふかききりまとう）㊂ |
| 19 | |
| 20 | |
| 21 | |
| 22 | |
| 23 | 処暑 ㊀ **綿柎開**（わたのはなしべひらく）㊂ |
| 24 | |
| 25 | |
| 26 | |
| 27 | |
| 28 | 天地始粛（てんちはじめてさむし）㊂ |
| 29 | |
| 30 | |
| 31 | |

お盆の時期には先祖が浄土から帰ってくると考えられており、ご先祖さまを家にお迎えし、供養する期間。**ホオズキ**が飾られる。**トルコギキョウ**もお供えに適している。

# アザミ

**Thistle, 薊**

ノアザミ、ドイツアザミ / *Cirsium japonicum* / キク科 / 4月〜11月

## 大地の悲しみから生まれた花

　細い棒状の花びらを密集させ、小ぶりで丸い花を形作るアザミ。葉には鋭いトゲがあるので要注意です。日本語の「あざみ」の語源は、トゲが刺さって驚くことから、「驚きあきれる、興ざめする」という意味の古語「あざむ」からきているといわれています。

　また、アザミのトゲは、ギリシャ神話では「大地の悲しみのしるし」とされています。その昔、美しい精霊たちニンフの一人とゼウスの使いであるヘルメスには、ダフニス①という息子がいました。ダフニスは美しく、詩の神に才も与えられていましたが、誰にも愛情をもつことができなかったため、美の女神アプロディーテは、ダフニスにニンフのエケナイスを愛するよう仕向けました。しかし、ダフニスはエケナイスを捨ててしまいます。怒ったアプロディーテがダフニスを

① ダフニス

ギリシャ神話に登場するヘルメスとニンフの子。シシリアの羊飼い。美貌により、多くの神々やニンフに愛された。

盲目にすると、彼は我が身の不幸を嘆き、川に身を投げ死んでしまいました。多くの人が彼の死を惜しみ、大地の神テルス・マーテルは、彼を失った悲しみを表現するために、アザミを創りました。

## 葉のトゲが軍を勝利に導いた

アザミはスコットランドの国花です。きっかけは、1263年、デンマーク戦争中のこと。デンマーク軍がスコットランド陣営に不意打ちをかけたとき、デンマーク軍の一人が誤ってアザミを踏みつけ叫び声をあげました。その声を聞いたスコットランド軍は敵の奇襲に気付き、ピンチを逃れ、戦いに勝利することができたのです。「独立」「安心」という花ことばはここから生まれました。

また、北欧の神話では雷神トール②の花とされ、アザミを身につけていると雷から守られるといわれています。トゲに覆われた姿は「厳格」「高潔」という花ことばにぴったりです。

② 雷神トール

北欧神話における最強の軍神としてゲルマン人に信仰された。

## 白い葉脈は、聖母マリアの母乳の跡

二年草のオオアザミには白い葉脈があり、英名で「ミルクシスル（milk thistle）」と呼ばれています。伝説によると、聖母マリアは長旅で疲労した幼児イエスに母乳を与えた際、傍らにあったアザミに母乳が数滴こぼれ落ちて葉に大理石模様ができたことから、オオアザミに「ミルク」という名前がつけられました。

№ 29 **アジサイ**

**Hydrangea, 紫陽花**

ハイドランジア、セイヨウアジサイ　/　*Hydrangea macrophylla*　/
アジサイ科　/　6月〜7月

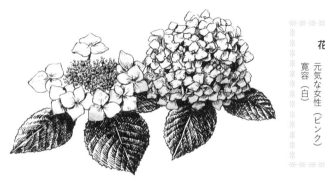

## 幻の学名は、 思い続けた恋人の名前

　梅雨の時期は、雨に濡れながら鮮やかに咲くアジサイが見頃です。花咲く場所によって花色が違うのは、土壌の影響によるもので、酸性の土だと青色、アルカリ性の土だと紅系の花が咲きます。花びらに見える部分は萼で、本来の花は萼に埋もれて咲いています。

　花ことばの「辛抱強さ」は、長崎の出島で蘭学を教えたドイツ人シーボルト①の恋物語に由来します。シーボルトは、日本人の女性「お滝さん」と恋に落ちましたが、ヨーロッパに帰国するため別れざるを得なくなりました。彼は、恋人への気持ちを大好きなアジサイの学名に込め、「otaksa（オタクサ）」と命名しました。遠く離れても辛抱強く恋人を思い続けた姿が花ことばに反映されたのです。著書『日本植物誌』に美しいアジサイの彩色画も残しています。ただ、残念ながらアジサイにはほかの学名があり、「オタクサ」は幻の学名となってしまいました。

① シーボルト

すランダの陸軍軍医として1823年に長崎へ渡り、長崎の町で診療にあたるとともに、日本人医師たちに医学を教える。医学だけでなく、動物学、植物学、民俗学など豊富な知識をもち、日本の植物のヨーロッパ普及にも努めた。

## アジサイは人気者？　嫌われ者？

　アジサイは日本に自生していた花ですが、『万葉集』には２首しか登場していません。

　歌人橘 諸 兄 は、八重に咲くアジサイ②を「縁起植物」として扱ったのに対し、大伴家持はアジサイの花色がころころ変わることから「心変わり」のたとえに使っていて、いい印象をもっていなかったことがうかがえます。

　一方で、アジサイを門守にして厄を除ける風習もあり、６月１日か土用の丑の日にアジサイを採って軒下にかけ厄除けとした地域もあります。身体の水気をとれば治ると信じられた脚気に効果があるとされ、脚気の病人の寝室に吊されたとも伝わっています。

　アジサイの花色の変化は七変化と表現され、化花、幽霊花と呼ばれることもありました。これらの名は、黄緑色、青、紅などに色づくことから命名され、花ことばの「移り気」も、同じく色が変化することからつけられました。中世から近世までは、色が変わることから人気がなく、ひっそりとした花でしたが、西洋では珍しがられ改良が進み、明治以降にセイヨウアジサイ（ハイドランジア）として逆輸入され、日本でもイメージが変わり知名度が上がりました。

② 八重に咲くアジサイ

八重咲のアジサイといえば「アナベル」。日本在来のアジサイが西洋に渡り品種改良されたもの。

花を贈る

### アジサイは母の日の新定番

　母の日に贈る花といえばカーネーションですが、アジサイは5月に多く出回ることから、近年人気が高まっています。アジサイの花ことばは「移り気」ですが、青色のアジサイの花ことばは「辛抱強い愛情」、ピンク色は「元気な女性」、白は「寛容」というように、贈り物にもぴったりです。

花のrecipe

### アジサイのドライフラワー　DRIED FLOWER

　初夏に咲いたアジサイが、気温の変化などによってアンティークカラーの色あいに変化した状態を「秋色アジサイ」といいます。この秋色アジサイは乾燥することで発色が美しくなるので、ドライフラワーにおすすめです。また、咲き始めから時間がたったアジサイほど、萼に厚みが出るためきれいに仕上がります。

●材料・道具
・アジサイ（アナベル、ミナヅキ、
　カシワバアジサイなどが
　おすすめ）
・麻ひも
・ハサミ

●作り方
①花までしっかり吸水させる。
②アジサイの茎に紐をつけ、頭を下にして一週間ほど
　乾燥させる。直射日光が当たらない、風通しのよい
　場所で乾燥させましょう。

~~~ᐧᐧᐧᐧ~~~
EVENT & FESTIVAL

# 花祭り

## お釈迦様にあやかって

　仏教では、４月８日にお釈迦様の誕生を記念し、「花祭り」が開催されます。花祭りでは、花で飾った花御堂と呼ばれる小さなお堂を作り、お釈迦様の生まれたときの姿をかたどった誕生仏を据え、頭上から竹のひしゃくで甘茶をそそぎます。

　甘茶とは、アジサイの変種であるアマチャから作ったお茶のこと。一般的なガクアジサイには毒がありますが、アマチャには毒がありません。その名の通り砂糖を入れなくても甘いのが特徴で、江戸時代までは「天茶」と呼ばれていたそうです。

　甘茶をかけるのは、釈迦誕生のおりに天から梵天帝釈が来て香水で洗浴したという伝説に基づいていて、参詣者にもふるまわれるほか、水筒や瓶に入れて持ち帰ることもできます。

　また、甘茶を硯に入れて墨をすり、字を書くと書道が上達するといわれていて、この墨で「昔より（あるいは、年ごとに／千早振る）卯月八日は吉日よ、神さけ虫を成敗ぞする」と書いた紙を逆さにして貼っておくと、虫除けになると伝えられています。

　アマチャの花は青紅紫色、萼は青色で、その後紅色に変化します。現在は、長野県で栽培・製造されていますが、京都の宇治市には野生のものが群生している場所もあります。

# アヤメ

Sibelian Iris, 菖蒲

*ハナアヤメ* / *Iris sanguinea* / アヤメ科 / 5月〜6月

花ことば

神秘的な人
優雅さ
あなたを大事にします

## 美人のたとえとして詠われた

　剣形の葉の間から伸びた茎の先に、藍紫色の大きな花びらが6枚。3枚は上に、残りの3枚は下に向かう独特の姿をしています。杜若や花菖蒲と混同されることが多く、「いずれあやめか杜若」ということわざもあります。「どれもすばらしくて選ぶのに迷う」という意味で、「源平盛衰記」の恋物語から生まれました。

　その昔、源頼政が鳥羽院に仕える菖蒲前という美女に恋をしました。鳥羽院は頼政を試すため、背格好の似た三人の美女を並べて選ばせました。遠くからしか彼女を見たことがない頼政は、<u>「五月雨に沼の石垣水こえて　何かあやめ引ぞわづらふ」</u>①と読み、鳥羽院はその歌に深く感銘し、試練をとりやめ菖蒲前を頼政に賜りました。見分けにくいアヤメと杜若ですが、アヤメは花弁に黄色と紫色の虎斑模様があり、杜若は花弁中央に白〜淡黄色の斑紋があります。

① 「五月雨に沼の
　 石垣水こえて何か
　 あやめ引ぞわづらふ」

「五月雨に沼の石垣から水があふれ（=想いがあふれ）、あやめはどれなのか、引き抜くことさえ思いわずらいます」という意味。

# № 31 アリウム

Allium onion

ハナネギ / *Allium spp.* / ネギ科 / 6月

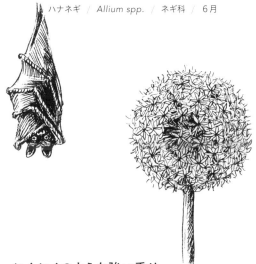

花ことば

深い悲しみ
円満な人柄
不屈の心
正しい主張

## にんにくのような強い香り

アリウムは、1000個ほどの小さな花が集まった直径20cmほどの花。花ことばの「深い悲しみ」は花姿が悲しみ佇む人を連想させることからつけられました。

アリウムとはラテン語で「にんにくのような」、もしくは「においを放つ」という意味で、実際に葉は、にんにくに似た香りがします。臭みが強いため、英国では地方によって「悪魔の花」として知られています。風刺詩人マルティアリスがアリウムの一種のリーキ①について「リーキの汁を好んで啜る者は、美人と接吻するとき唇を閉じねばならぬ」と言ったほどです。

また、イギリスのウェールズでは、国の公式の聖人聖デイヴィッドを讃えるためにリーキを身につける習慣があります。これはこの聖人が隠者らしい生活を送り、「野で摘んだリーキだけで生きた」からだと伝えられています。

① リーキ

地中海沿岸地帯原産の野菜で、セイヨウネギ、ニラネギ、ポロネギなどと呼ばれる。ヨーロッパでは古代ギリシャ、ローマ時代から広く利用されてきた。日本へは明治初年に伝来。

№ 32 # アンスリウム

Anthurium

ベニウチワ、オオウチワ / *Anthurium andreanum* / サトイモ科 / 6月〜9月

※ 花ことば

情熱
戯れの恋
飾らない美しさ
（ピンク）
熱心（白）

## 赤と黄色のコントラストが情熱的

　赤と黄色のコントラストが美しいアンスリウム。ハート型をしたつややかな赤い部分は花びらではなく、仏炎苞①と呼ばれるサトイモ科特有の葉の一種で、中央にある黄色い棒状の先に小さな花がたくさん集まっています。「Anthurium」は、ギリシャ語の「anthosaura（花）」と「oura（尾）」が語源で、「尾っぽのような花」という意味です。

　欧米では、フラミンゴタワーとも呼ばれ、仏炎苞がハート型のうちわのようにも見えることから、日本では「大紅団扇」という和名がつけられました。

　目にも鮮やかな赤と黄色から「情熱」という花ことばが生まれたとされています。

① 仏炎苞

サトイモ科の植物に見られる肉穂花序を含む、大型の苞のこと。肉穂花序とは、多肉な花軸の周囲に柄のない花が多数密生するもの。

## ハワイでは愛の証の花として人気

　ハワイでは「Heart of Hawaii」という別名で親しまれていて、バレンタインデーに贈る花として人気があります。原産地は南米②ですが、ハワイの財務大臣が苗を持ち帰ったことから、ハワイに持ち込まれたといわれています。1990年初頭にハワイ島のヒロに移植され、温暖な気候がアンスリウムの栽培に適していたことから世界有数の産地となりました。ハワイの日系人によって栽培や品種改良が行われてきたため、アンスリウムの種類には「オバケ」や「ミドリ」など、日本語の名前が使われているものもあります。

　西洋の花ことばでは、おもてなしを意味する「hospitality」や、幸運を意味する「happiness」、裕福を意味する「abundance」などがあり、どの色も縁起がいいためプレゼントに喜ばれます。定番は赤ですが、ピンクや紫、緑など色数も豊富。ピンク色だと花ことばは「飾らない美しさ」、白だと「熱心」になります。

② 南米

コロンビア、エクアドルなどを原産とする。

# オリーブ

**Olive**

オリバ、オレイフ / *Olea europaea* / モクセイ科 / 5月〜6月

花ことば

平和

## 平和と友情のシンボル

米粒ほどの大きさの白い花が何輪かまとまって咲く
オリーブ。秋には実をつけ、熟すと塩漬けやオリーブ
オイルとして利用され、地中海沿岸の国々では広く栽
培されています。花ことばの「平和」は、聖書に登場
する「ノアの方舟①」の物語から生まれました。

その昔、神は、人間の犯した多くの罪を罰するため
人洪水をおこしました。ただし、神が認めたノアだけ
はその罰から救うことにしました。40日間、大雨が
降り続き世界が水で被われましたが、ノアと家族とす
べての動物のつがいたちは、大きな方舟に乗ることが
でき無事でした。大雨がおさまった頃、ノアは地面が
現れたかを調べるために、カラスとハトを放しました
が、証拠は得られませんでした。後日、もう一度ハト
を放すと、ハトはオリーブの枝をくわえて戻ったため、
ノアは地面が現れたことを確信しました。それ以来、

① ノアの方舟

旧約聖書『創世記』（6
〜9章）に登場する大洪
水によってつたわる、ノアの方
舟の物語のこと。

ハトとオリーブは平和と友情のシンボルとして、人々に愛されるようになりました。

## アテネの町は、オリーブとともに誕生した

　ギリシャ神話によると、オリーブは力と勇気を象徴する植物で、アテナイ（アテネの古名）の植物とされています。

　昔、海神ポセイドンと知恵の神アテナ②が、ギリシャのある町の所有権を巡って争っていました。神々は、人間に必要なものを創り出したほうに所有を認めることにしました。ポセイドンは馬を、アテナはオリーブを生み出したところ、神々はアテナに勝利を言い渡しました。そして、この町はアテナイと呼ばれるようになったのです。アテナイにはパルテノン神殿が建てられアテナを祀り、祭礼で競技に勝った者にはオリーブの冠③を与えるようになりました。

　古代ギリシャでは、オリーブ油は生活の必需品とされ、哲学者プラントンは「神がオリーブと大理石を与えてくれた」と言ったほどです。

② 知恵の神アテナ

ギリシャ先住民族の女神。古代ギリシャ人は、この神をギリシャ征服とともに自分たちの神にした。

③ オリーブの冠

オリーブの葉がついた枝を編みながらつなげ、輪にしたもの。古代オリンピックで優勝した人にはこの冠が与えられた。

# カスミソウ

**Baby's breath, 霞草**

ハナイトナデシコ、ジプソフィラ / *Gypsophila elegans* /
ナデシコ科 / 6月〜8月

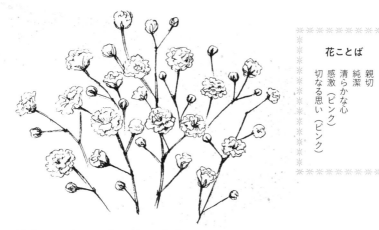

花ことば

親切
純潔
清らかな心
感激（ピンク）
切なる思い（ピンク）

## 純真で、混じり気のない存在

　細い枝に、小さく可憐な白い花を無数に咲かせるカスミソウ。中央アジアのコーカサス地方原産で、日本へは大正初期に伝来しました。霞がかっているように見えるので、日本では「霞草（かすみそう）」という名前がつけられ、純真で混じり気のないイメージから、英名では「baby's breath（赤ちゃんの吐息）」と呼ばれています。属名のGypsophila（ギプソフィラ）はギリシャ語の「gypsos（白灰、石膏）」と「philos（愛する）」に由来します。これは、この属の花が石灰質の土を好むことからつけられました。花束によく添えられる多年草の宿根霞草①は別種です。

　自己主張せず、まわりの花を引き立てる奥ゆかしさから「親切」という花ことばがつけられています。ブーケやアレンジメントでは名脇役として欠かせない花のひとつです。

① 宿根霞草

原産地はヨーロッパ東部からアジア。花屋で売られているカスミソウはこの品種になる。

Nº 35 # カラー

Calla

カイウ / *Zantedeschia aethopica* / サトイモ科 / 5月～6月

花ことば

乙女のしとやかさ
清浄

## 母乳からこぼれ落ち、 花を咲かせた

　すらりと伸びた茎の先に、真っ白な花を咲かせるカラー。白い部分は花びらではなく、萼が変形した仏炎苞で、中心にある黄色の部分が花です。水辺に花を咲かせるこの水生植物①は、南アフリカ原産で、日本には江戸時代にやってきました。

　ギリシャ神話では、結婚や母性の女神ヘラが、子どもに母乳を与えていたときにこぼれ落ちた母乳からこの花が咲いたと伝えられています。この逸話から、結婚式にふさわしい花というイメージがつきました。

　花名の由来は、修道女の服の襟に似ているからという説や、ギリシャ語で「美しい」という意味のカロスからつけられたなど諸説あります。

　カラー独特の陶器のような純白の花は「ナイルのユリ」とも呼ばれ、その美しさが讃えられています。

① 水生植物

カラーの仲間は南アフリカに6～8種ほど原種があるが、このエチオピカのみが水湿地を好む。

# カンパニュラ

Canterbury bells

フウリンソウ、ツリガネソウ / *Campanula medium* / キキョウ科 / 5月〜7月

花ことば

感謝
謝辞
誠実

## 果樹園を守った番人の生まれ変わり

　「風鈴草」とも呼ばれるように、まるく膨らんだ花
姿は風鈴にそっくりです。釣鐘のような形にも見える
ことから、ラテン語の「campana（鐘）」が花名の
由来とされています。

　花ことばの「感謝」「誠実」は、ギリシャ神話に登
場する果樹園の番人でニンフのカンパニュール①の物
語からつけられました。カンパニュールは、果樹園に
侵入してきた兵士がいたので、ベルを鳴らして侵入を
防ごうとしましたが、兵士に見つかり殺されてしまい
ました。花の神フローラは、果樹園を守ろうとした彼
女の誠実さに感謝し、ベルの形の花に変えたと伝えら
れています。

① カンパニュール

宵の明星ヘスペロスの娘。
神の果樹園に実る黄金の
リンゴを守る役目を担っ
ていた。この黄金のリン
ゴは、半分食べるとどん
な病気でも治り、全部食
べると不老不死になると
いわれている。

## アプロディーテの魔法の鏡

　カンパニュラは古代の鏡の形に似ていることから「アプロディーテの姿見」ともいわれています。アプロディーテは、映るものの美しさを増すことができる魔法の鏡をもっていました。

　ある日、その鏡を野原に置き忘れたところ、一人の羊飼いがそれを拾いました。羊飼いは、鏡をのぞくと、自分の顔があまりに美しく映っていたため、うっとりと見とれていました。アプロディーテの息子のエロースは、母親が置き忘れた鏡を探しに出かけ、満足気に鏡をのぞいている羊飼いを見つけると、「お母さんの大事なものを、あんな田舎ものがおもちゃにしている！」と腹を立て、鏡を取り上げ立ち去りました。鏡が置いてあった野原には、鏡の跡が残り、そこから美しい花が次々に咲きました。その花こそがカンパニュラの花だったと伝わっています。

　植物学者・ジョン・パーキンソン②は、カンパニュラのどの種類かははっきり書いていませんが、自著『植物の劇場』のなかで、「この仲間の葉から根までまるごと漬けた水を蒸留し、化粧水にするとよい」と書いています。

② 植物学者・
　ジョン・パーキンソン

植物学者であり、薬剤師、博物学者、造園家でもある。イギリス・ロンドンのコヴェントガーデンの一部に広大な個人庭園をつくり、イギリス中の植物学者や薬剤師たちと交流していたという。

# クチナシ

**Gardenia, 梔子**

ガーデニア / *Gardenia jasminoides* / アカネ科 / 6月〜7月

## 純潔で清楚な心の乙女が咲かせた花

　濃緑色の葉に、いい香りのする白い花を咲かせるクチナシ。一重咲きの花は早咲き、八重咲き種は遅咲きで、一重咲き種はオレンジ色の実①をつけます。この実は、熟しても口を開かないため、「口無し（クチナシ）」という花名がつきました。ヨーロッパやアメリカでは男性が女性に贈る花として人気で、アメリカではダンスパーティに誘うときの定番です。

　学名の「ガーデニア（gardenia）」は18世紀の植物学者・ガーデン②の名にちなんでいますが、ガーデニアという名の美しい乙女の伝説もあります。ガーデニアは、純潔で清楚な心をもち続けたいと願っていました。ある夜、天使が願いを叶えるため彼女の寝室を訪れ、地上にひとつしかない種子を与えました。ガーデニアが大切に育てると、清純な花が咲き始め、人々がこの花をガーデニアと呼ぶようになったそうです。

① オレンジ色の実

日本ではこの実を、栗金団などの色づけや、染料などに使う。

② 植物学者・ガーデン

アメリカの医師で植物学者アレキサンダー・ガーデン（1730〜1791年）がクチナシを発見した。

№ 38 **グラジオラス**

Gladiolus

オランダアヤメ / *Gladiolus hybridus* / アヤメ科 / 6月〜9月

## 花の数は、 逢引きの時間を知らせるサイン

　250〜300種もの野生種があり花色は豊かで、直径15cmほどの花が咲きます。葉の形が剣に似ていることから、ラテン語で「小さな剣」を意味する「gladius」に由来します。古代ギリシャでも「クシポス（剣）」と呼ばれたほど葉の形が特徴的ですが、花の美しさも定評があり、古代ギリシャの哲学者テオフラストス①は花冠を編むのに使っていたと記録しています。観賞用としての栽培は16世紀以降に始まり、それまではおもに食用でした。アフリカ各地の原住民は、いまも球根を焼いて食べているそうです。

　また、ヨーロッパでは、昔、人目を忍ぶ恋人たちがグラジオラスを籠に入れたり花束にしたりして相手に渡し、花の咲いている数で逢引きの時間を知らせていたといわれています。ここから、「密会」「忍び逢い」「用心深い」という花ことばがつけられました。

① テオフラストス

同じく古代ギリシャの哲学者アリストテレスに学び、アリストテレスの学園「リュケイオン」の第2代学頭となった。植物学の祖とされ『形而上学』『植物誌』『性格論』などの著書がある。

№ 39 # シャクヤク

**Chinese peony,** 芍薬

エビスグサ、カオヨグサ / *Paeonia lactiflora* / ボタン科 / 5月〜6月

花ことば

恥じらい
謙遜
清浄
威厳

## 夕方になると閉じる、 ちょっと照れ屋な花

　花びらを何枚も重ね、ゴージャスな大輪を咲かせるシャクヤク。その美しい花姿から「立てば芍薬、座れば牡丹」という言葉があるように、美人の代名詞に用いられています。原産地は中国北部やシベリア東部などで、日本には平安時代に中国から薬草①として渡来しました。

　花ことばの『恥しらい』「謙遜」は、はにかみ屋の妖精がシャクヤクのなかに隠れたら花ごと赤くなったというイギリスの民話がもとになった英語の慣用句「blush like a peony（シャクヤクのように顔を赤らめる）」に由来しているともいわれています。

　ボタン（p.47参照）に似ていますが、ボタンは花木でシャクヤクは多年草です。品種が多く、一重咲き、冠咲き、手毬咲き、バラ咲きなどがあり、花色も豊富です。

① 薬草

乾燥させた根を煎じて飲むと婦人疾患に効能があるとされた。薬用にされることから漢名「芍薬」には「薬」の字が使われている。

## 再会を約束し別れるときに贈られる花

　中国最古の詩集『詩経①』によると、古代の中国では異性を誘う「求愛」「求婚」の合図や再会を約束して別れる際に贈られる花とされていました。晋の時代になると「別れの花」としての意味合いが強くなり、人との別れの際にシャクヤクを贈る風習が広がりました。よって、「離」「離草」という別名もできました。

　この頃になると薬用だけでなく観賞用としての栽培も始まり、晋の宮殿内にはシャクヤクを植えた一区画があったようです。シャクヤクを主題にした賦（韻を踏んだ美文）や頌（ほめうた）なども、多くつくられています。

① 詩経

中国最古の詩篇。周の初めから春秋時代までの詩305編を収録している。儒教の経典として最も尊重される五つの経書のうちのひとつ。

# スモークツリー

**Smoke tree**

ハグマノキ、ケムリノキ、カスミノキ / *Cotinus coggygria* /
ウルシ科 / 5月〜7月

## 花が散ったあとの煙状の姿が見もの

　ピンク色の花が咲いたあとに伸びた花柄が羽毛状になり、煙がくすぶっているように見えることから、花名がつけられました。霞にみたててカスミノキとも呼ばれます。ただし、雌雄異株①の落葉樹で、このフォルムに変化するのは雌木のみ。雄木は花序が短いため羽毛状にはなりません。

　南ヨーロッパやヒマラヤ、中国を原産地としてヨーロッパから中国に分布しています。日本では庭木としても人気があります。

　ふわふわとした独特な存在感と、シルバーグレーやピンクがかったアンティーク調の色合いが花束のアクセントとして活躍します。葉も緑や紫色などがあり、紅葉もきれいです。水を入れずに飾っておくとドライフラワーになり長く楽しむことができます。

① 雌雄異株

雄の株と雌の株に分かれている植物のこと。

№ 41 # トケイソウ

**Passion flower, 時計草**

*ボロンカズラ / Passiflora caerulea / トケイソウ科 / 5月〜10月*

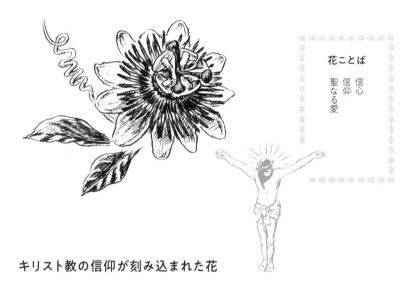

※※※※※※※※※
花ことば

信　信
心　仰
聖
な
る
愛
※※※※※※※※※

## キリスト教の信仰が刻み込まれた花

　名前の通り、花の形が時計の文字盤に似ているトケイソウ。花弁が土台となり、時を刻むように副冠①が生えています。原産地はペルーやブラジルで、つる性の花木です。

　5本の葯（花粉を作る器官）はキリストの五つの傷跡、葯のまわりのひげ状の副冠はいばらの冠、外側の花びらはキリストの使徒を象徴しているといわれ、花ことばもキリスト教に関連したものになっています。

　パッションフラワーという英名はついつい「情熱（passion）の花」と連想しがちですが、語源は「パッション」ではなく、ラテン語の「パッシオ」。意味は「キリストの受難②」であることから、「受難の花」とされています。花名、花ことばともに、キリスト教の信仰が刻み込まれているのです。

① 副冠

花弁の集まりのことを「花冠」と呼ぶが、花弁の内側にも別の花びら状の器官があるものを、副冠と呼ぶ。スイセンなどにもみられる。

② キリストの受難

キリストが生涯の終わりに受けた受難。十字架の苦しみと死を表すキリスト教用語。

# トルコギキョウ

**Eustoma**

ユーストマ、リシアンサス / *Eustoma* / リンドウ科 / 5月〜8月

花ことば

清々しい美しさ
優美
希望

## 「トルコ」 とついても、 トルコとは無縁

　細い茎の先に、紫やピンク色をしたフリル状の八重の花①を咲かせるトルコギキョウ。その名前から、トルコの花と思われがちですが、トルコとは無縁で、アメリカのテキサスやネブラスカが原産地です。

　トルコ人がかぶっているターバンに似ている、形が化のキキョウに見える、原種の青色の花弁がトルコ石（ターコイズ）のようだから……など、花名の由来には諸説あります。また、キキョウの名はつきますが、キキョウ科ではなくリンドウ科に属しています。

　日本には大正から昭和のはじめに導入されたとされますが、当時はあまり出回ることなく、二度の大戦で育種が途絶えてしまいます。しかし、戦後、再び品種改良が行われ、昭和50年代には、ピンクの花色が作られたのを皮切りに、八重咲き、大輪、小輪、緑色、

① 八重の花

従来は一重咲きが一般的だったが、昭和10年代に日本に導入され品種改良が進み、八重咲や大輪のものが出回るようになった。

茶色など、様々な品種が登場しました。いまではトル
コギキョウの品種のほとんどが日本産です。

## 優美な花姿と、ポジティブな花ことばで
## 花束やアレンジメントで人気

　別名をユーストマといいますが、この名前はギリシ
ャ語で「良い」という意味をもつ「ユー（eu）」と
口を表す「ストーマ（stoma）」に由来していて、釣
鐘状の花冠の形状からつけられています。花ことばの
「清々しい美しさ」「優美」は、まっすぐに伸びた茎
と、ドレスのスカートのようにふわりと広がる花びら
の様子からつけられたといわれています。
　現在は約300種の園芸品種があり、色や形も様々。
花持ちもいいことから切り花として利用され、花束や
アレンジメントなどで人気です。

# ノコギリソウ

**Yarrow, 鋸草**

ハゴロモソウ、アキレア / *Achilea alpina* / キク科 / 5月〜8月

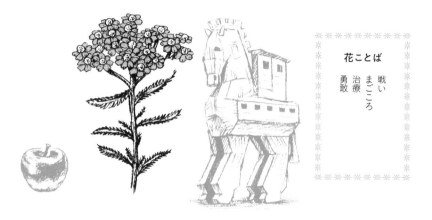

花ことば

戦い
まごころ
治療
勇敢

## 殺された女王の魂が宿る花

　葉の形がノコギリに似ていることから花名がつきました。別名「アキレア」は、トロイア戦争①の英雄「アキレウス」に由来します。

　アキレウスはトロイア戦争で宿敵ペンテシレイアを討ち勝利しました。ただ彼は、相手が宿敵であることを知らず、彼女を殺したことを後悔します。そして、神に「アマゾーン部族の女王ペンテシレイアの魂を花に宿らせたまえ」と祈りました。すると、彼女は花になり、アキレウスにちなんでアキレアと名付けられました。花ことばの「戦い」も、ここからつけられました。

　薬草として様々な効能があるとされ、戦場や家庭では止血剤に、ワインや上等のエールと飲めば胸やけを解消するといわれていました。現代医学では、これらの薬効は認められていませんが、地域によっては傷を治す薬としていまも利用されています。

① トロイア戦争

ギリシャとトロイアの10年に渡った戦争。古代ギリシャの叙事詩「イリアス」で語られていて、アキレウス、オデュッセウス、ヘクトールなどの英雄が登場する。

Nº 44

# ハイビスカス

Chinese hibiscus

リュウキュウムクゲ、ブッソウゲ / *Hibiscus rosa-sinensis* /
アオイ科 / 6月〜9月

花ことば

繊細な美しさ
新しい恋

## 南国で愛される華麗な花

　南国の青空に映える、真っ赤な①ハイビスカス。ハ
ワイの州花で、まさにハワイを象徴する花です。ゆっ
たりと広がる5枚の花弁の中心から長い花柱が伸びて
います。ハワイには9種の野生種があり、他国から導
入されたハイビスカスの仲間のブッソウゲやフウリン
ブッソウゲなどと盛んに交配が行われ、3000〜5000
もの品種が生まれました。ブッソウゲについて、植物
学者のリンネが1931年にヨーロッパから導入した際、
"バラのような中国のハイビスカス"という意味の「ヒ
ビスクス・ローザシネンシス」という学名をつけまし
た。ところが中国の書には「外国より渡来し、中国に
は産せず」と記されていて、いまだ原産地は不明です。
　琉球で古くから栽培され、島津藩から徳川家康に献
上されたという記録があります。沖縄ではアカバナー
と呼ばれ、墓前や仏壇にも供える風習②があります。

① 真っ赤な

赤いイメージが強いが、
花色は黄色や白、ピンク
もある。

② 墓前や仏壇にも
　供える風習

沖縄南部では「アカバナ
ー（赤花）」と呼ばれ、死
人の後世の幸福を願って
墓地に植える風習もある。
インドでは、赤いハイビ
スカスは血の色を思わせ
ることから、シヴァ神に
手向ける花とされている。

# ハス / スイレン

**Lotus, 蓮 / Water lily, 水蓮**

スイフヨウ、フゴセン（ハス）、ウォーターリリー（スイセン）/
*Nelumbo nucifera, Nymphaea* / ハス科（ハス）、スイレン科（スイレン）/
7月〜9月

## 愛した女の正体はハスの妖精だった

　水の底に蓮根をつくり、水面から白やピンクの大輪
を咲かせるハス。花の中央にある花托が蜂の巣に似て
いることから、「ハチス」が転じ「ハス」と名付けら
れました。中国を代表する花で、原産地であるイン
ド①の国花。泥水から清らかな花を咲かせることから
「清らかな心」「神聖」という花ことばがついています。

　中国では恋の花としても親しまれ、ハスが登場する
男女の恋話が残っています。唐時代、ひとりの男が蘇
州の街道から１里ほどの所にある水郷地帯に小さな別
荘をもっていました。別荘の近くにはハスやヒシが繁
茂する湖沼が広がっていました。ある日、男は別荘の
近くでこの世の人とは思えないほど美しい女に出会い、
親密な関係になります。そして、女に玉の環②を贈り
ます。後日、男が水辺で美しい大輪のハスに見入って
いると、花房の奥に、自分が贈った玉の環を見つけま
した。男は女がハスに憑いた妖精と気付き、玉環を取
り出すと、女は二度と姿を現さなくなったそうです。

① 原産国であるインド

生まれ落ちた釈迦が歩き
出した、その跡からハス
の花が咲いたといわれる。

② 玉の環

指輪・腕輪の類。

## エジプトのスイレンはハスと誤認され伝わった

　スイレンはハスに似ていて③、夕方に花を閉じることから「睡る蓮」といわれ、そこから転じて「睡蓮」という名前がつきました。日本に自生するスイレンは、可憐な白花を未の刻（午後２時頃）に花開くので「未草」と呼ばれています。花ことばは「純粋な心（スイレン）」で、昔、美しい乙女が恋人との仲を両親に反対され、湖に身を投げてスイレンになったという伝説が残っています。

　東洋では神秘と神聖の象徴とされていて、エジプトではバラ色・青色・白色の３種のスイレンを栽培しました。なかでも白いスイレンは、ナイル川の水かさが増すにつれて、水面を純白に覆うことから「ナイルの花嫁」と呼ばれています。

　古代エジプトのシンボルとされるスイレンは、ハスと誤認されがちです。これは、エジプトのアオスイレンが英語で「blue lotus」といい、「ロータス（lotus）」の意味にスイレンとハスが含まれているため、ハスと訳され、エジプト関連の書物などに記されてしまったからです。

③ スイレンは
　ハスに似ていて

スイレンの花弁はとがっていて萼と同じ大きさだが、ハスの花弁は丸みを帯びていて萼よりも数倍長いなど、見た目にもはっきりとした違いがある。

# ヒマワリ

**Sunflower,** 向日葵

ヒグルマ、ニチリンソウ、ヘリアンサス、ソレイユ / *Helianthus annuus* /
キク科 / 7月〜9月

花ことば

あなただけを
見つめます
崇拝
愛慕

## 太陽の化身として崇拝された

　青空の下、一面に広がるヒマワリ畑の景色は、夏の
風物詩のひとつ。原産地は北西アメリカで、1569年
に、スペイン人の医師ニコラス・モナルデスによって
ヨーロッパに伝えられた①といわれています。

　アメリカ・カンザス州の州花であり、ペルーの国花
でもあるヒマワリ。ペルーでは「インディアンの太陽
の花」や「ペルーの黄金の花」と呼ばれていました。
インカ帝国時代には、ヒマワリは太陽神の化身として
祭壇などに花模様が刻み込まれました。また、太陽の
神殿に仕える巫女は、ヒマワリを象った純金の冠をか
ぶっていたと伝わっていて、発掘された遺跡や遺物に
その面影が残っています。

　ヒマワリは「日向葵」と書くように、黄色い大輪の
花が、太陽に向かって咲いているイメージがあります
が、太陽の方を向いているのは蕾が花開く時だけです。

① ヨーロッパに
　伝えられた

1569年はコロンブスの
探検時。奴隷解放が遅れ
食糧難だったロシアで
は食用として改良された。
またスペインのアンダル
シア地方もヨーロッパ屈
指の栽培地となった。

## 神様を追いかけるあまり、ヒマワリの姿に

　ギリシャ神話に、ヒマワリにまつわる伝説があります。大洋神オケアノスの娘で水のニンフ、クリュティエは太陽神アポロンに恋焦がれていました。叶わぬ恋に嘆き悲しんだ彼女は、何も口にせず地面に座り込み泣いてばかり。アポロンが日輪の馬車に乗って東の空に昇るのをひたすら待ち、天の道を走って行く姿を目で追いかけるのが日課でした。そして、アポロンの姿だけを追いかけるあまり、彼女の足はとうとう地面に根付いて動かなくなり、顔はヒマワリの花になってしまったと伝えられています。

　ただし、ヒマワリがヨーロッパに伝わったのは16世紀なので、ギリシャ神話に登場するこの花は、もともとはキンセンカ（p.28参照）で、それがいつのまにかヒマワリの逸話に変わってしまったと考えられます。

花のrecipe

### 食用油にも、絵の具の材料にもなる種子　SUNFLOWER SEEDS

　ヒマワリの種子はじつに優秀です。多くのタンパク質とカルシウムが含まれるヒマワリ油は、世界中で食用油として使われています。あるヒマワリには、花ひとつに種子が2362個あったという記録があります。非常に栄養価の高い種子なので、自分で無農薬で育て収穫した種を炒り、おやつやサラダに散らすなどして食べてみてはいかがでしょう。

# ブルースター

**Bluestar**

オキシペタルム、ルリトウワタ / *Oxypetalum coeruleum* /
チョウチクトウ科 / 5月〜10月

花ことば

幸福な愛
信じあう心

## 人生の幸せを願い、結婚式に用いられる

涼しげな青色の花弁が星のように見えることから、ブルースターという名前がつきました。原産地はブラジルやウルグアイなどの南米で初夏から秋まで咲き続ける多年草です。咲き始めは水色で、咲き終わりに近づくにつれ、青が濃くなるのが特徴です。

ブルースターという名前は一般的に園芸での呼び名で、正式な和名は「瑠璃唐綿」です。英語では一般に「Tweedia」と呼ばれ、ブルースターと呼ばれることはめったにありません。

ヨーロッパでは、青色は誠実を象徴する色、そして人生の節目に幸せを呼び込む色とされています。そのため、結婚式で、ブルースターをサムシングブルー①としてブーケやアレンジメントに使う人が多くいるそうです。

① サムシングブルー

ヨーロッパには、「サムシングフォー」というおまじないがある。これは「花嫁が幸せになりますように」と願いを込め、結婚式に「何か新しいもの」「何か借りたもの」「何か古いもの」「何か青いもの」の4つを取り入れること。

## № 48　ベニバナ

**Safflower,** 紅花

クレノアイ、スエツムハナ　/　*Carthamus tinctorius*　/　キク科　/　6月〜7月

## 光源氏を一途に思い続けた 「末摘花」

　「紅花」と書きますが、最初は鮮やかな黄色い花を咲かせて、少しずつ朱色に変化します。花弁に見える一枚一枚は筒状花という小さな花で、小さな綴状花が末（外側）から順番に咲くものを摘んでいくこと①から、古名で「末摘花」とも呼ばれています。

　末摘花は、『源氏物語』の巻名のひとつにもなっています。鼻が赤いことから光源氏に「末摘花」と呼ばれる常陸宮の姫君が登場し、物語のなかでもっとも美しくない女性として描かれています。「逢生」という巻で再び現れますが、姫君が源氏を一途に待ち続けていたことが明かされます。ベニバナになぞらえた恋のかたちのひとつであり、花ことばは末摘花にちなんでいるかもしれません。『万葉集』では「紅の花」という名で登場しますが、「くれない」とは「呉の藍」、つまり中国から渡ってきた染め色②という意味です。

① 摘んでいくこと

ほかに、茎の末（先端）に咲く花を摘むからという説もある。

② 染め色

布を染めるのに用いるほか、口紅や食用油としても使われる。

# ホオズキ

Chinese lantern plant, 鬼灯

*カガチ、ヌカヅキ / Physalis alkekengi var. franchetii* / ナス科 / 6月〜7月

花ことば

私を誘ってください
偽り
ごまかし

## 恐れられも親しまれもした赤い実

　ホオズキと聞いて思い浮かべるのは朱色の提灯のような姿でしょう。6月頃に白や淡い黄色の花を咲かせますが、花よりも実の方が親しまれています。ホオズキは、お盆になると盆花として飾られ、迎え火や送り火となる盆提灯に見立てられます。花ことばの「偽り」「ごまかし」は、大きな袋の中は空洞で、小さな果実がひとつしか入っていないことからきています。
　『古事記』では八岐大蛇の赤い目にたとえられ「輝血」や「赤輝血」という古名もあります。古くは、大蛇の目のようだと恐れられていたのか、『万葉集』などには登場しません。平安時代に風船を膨らませて子どもたちが遊ぶようになってから徐々に身近な植物になり、いまでは浅草で毎年開催される「ホオズキ市①」が有名です。縁日でホオズキを薬として売り始めたところ、いつしか観賞用として親しまれ、現代に続いています。

① ホオズキ市

7月9日夜から10日に行われる縁日の日に浅草で開催される市で、浅草寺の境内にホオズキで彩った屋台が並び、夏の風物詩として多くの人でにぎわう。

№ 50 # ポピー

Iceland poppy

アイスランドポピー / *Papaver nudicaule* / ケシ科 / 4月〜7月

花ことば

忘却　眠り
想像力　感謝
慰め（赤）
眠り（白）
富　成功（黄色）

## 娘をさらわれた母親のために、神々が咲かせた

　ポピーと呼ぶのは原産地のヨーロッパで和名はケシ。漢名は「虞美人草」で、楚王・項羽①が愛し絶世の美女といわれた「虞美人」の生まれ変わりといわれています。ギリシャ神話にもポピーの起源について記されています。デメテルの娘であるペルセポネが冥府の神ハデスによって誘拐されました。デメテルはエトナ山に登り松明に火をともし、世界を照らして娘を探しましたが結局、娘は見つかりませんでした。悲しみの末、救いを求めたところ、神々はデメテルの足の周りにポピーを咲かせました。ポピーの香り②を嗅ぎ、デメテルは休息を得て、悲しみを癒すことができました。

　また、ユーラシアおよびアフリカ大陸では、ケシの穂と花は人間の首と頭部にたとえられ、赤色のケシは流血と関係づけられることがありました。そこから、ポピーは喪を表す花、凶兆の花とみなされていました。

① 楚王・項羽

中国の秦の時代末期の武将。紀元前232年〜紀元前202年。

② ポピーの香り

または、ポピーの汁を飲んだとされる。

# マリーゴールド

Marigold

マンジュギク、センジュギク、クジャクソウ / *Tagetes* / キク科 / 5月〜11月

花ことば

信頼
変わらぬ愛
嫉妬
悲しみ

## シェイクスピアの戯曲にも登場する太陽の花

　聖母マリアの花とされ、「マリアの金」といわれたことから、花名がつけられました。花ことばの「信頼」「変わらぬ愛」はマリアのイメージから、「嫉妬」「悲しみ」は、花色の黄色が、キリスト教で裏切り者のユダが着ていた服と同じ色だったことからつけられています。

　原産地のメキシコでは、お盆の日にあたる「死者の日」①という祝日に飾る花とされ親しまれています。また、ドイツでは聖霊降臨祭の行列を先導する牛の花輪に用いる習慣から「牡牛の花」と呼ばれています。

　ヨーロッパに自生していたカレンデュラ（和名：キンセンカ）とは、同じキク科で似ており、16世紀にメキシコからマリーゴールドがもたらされた際に混同されてしまったようです。そのため、ちょうどその時代に活躍した作家シェイクスピアの『冬物語』で登場するマリーゴールドは、本来キンセンカのことだったといいます。

① 「死者の日」

毎年10月31日〜11月2日の3日間に、故人の魂がこの世に戻ってくるとされ、家庭に祭壇が設けられたり、先祖の花を飾り付けたりして、メキシコの街がにぎわう。元来、メキシコの地域では祖先の骸骨を飾る習慣があったことから、「死者の日」には様々な場所でカラフルな骸骨が見られる。

## 悲しみの気持ちを表す花でもあった

　照りつける太陽のもと咲く向日性の植物で、「変わらない愛情と、喜びと悲しみへの共感」の象徴とされ、シェイクスピアは戯曲『ペリクリーズ』のなかでも、年老いた乳母の死を悲しみ墓の上へかける花として、紫色のスミレとマリーゴールド（本来はキンセンカ）の花を選んでいます。一方で、マリーゴールドは、周囲が明るい時にのみ浮き立って輝く、王にへつらう廷臣を象徴しているとみなす文筆家もいました。

　太陽をひたむきに慕う姿から「不変の愛情」の象徴として、愛のお守りや恋占いにも使われていました。少女が素足で花びらにふれると、鳥の言葉がわかり、ベッドの下に撒いて眠ると、予知夢を見るという言い伝えもあります。

ユリ

Lily, 百合

リリー / *Lilium spp.* / ユリ科 / 5月〜8月

## 日本は世界に誇るユリの国

　大きな純白の花弁を広げ、優雅に咲くユリ。風で花が揺れる様子から「揺すり」と呼ばれ、徐々に真ん中の「す」がつまり、「ユリ」となったといわれていますが、確かではありません。

　ヨーロッパと日本が原産地①で、日本には海辺から山野、高山にいたるまで、たくさんの種類のユリが自生し、世界に誇るユリの国といえます。ドイツの博物学者であるシーボルトは、1830年に日本のスカシユリやカノコユリとその園芸品種をオランダに持ち帰っています。また、1873年に開催されたオーストリアの万国博で、日本のユリが「黄金のすじの入ったユリ」と称され、世界中に知られるようになりました。

① 日本が原産地

ヤマユリ、ササユリ、カノコユリ、ウケユリなどもある。

## ヘラの真っ白な母乳から生まれた

　ギリシャ神話によると、英雄ヘラクレス②が誕生したときに、ユリの花も生まれたといわれています。

　ゼウスは、アルクメネという女性の美しさに目をつけ、自分のものにしようとしました。ゼウスがアルクメネの夫に姿を変え、彼女と３日間過ごし誕生したのがヘラクレスです。ゼウスはヘラクレスを不死身にするため、妻のヘラを薬で眠らせヘラクレスに母乳を飲ませました。ヘラクレスが乳を飲む力が強かったため、ヘラは夢うつつのまま胸の上のヘラクレスを手で払い除けました。そのとき、乳首から溢れ出した乳が天に昇り「天の河」となり、地上に落ちたものから白いユリの花が咲いたと伝えられています。

　また、キリスト教において、その白い清純な花弁は神秘的な意味合いをもち、聖母の「純潔」と結びつけられるようになりました。

② 英雄ヘラクレス

ゼウスとアルクメネの子。ネメアの谷に住みつき、人や家畜を襲ったライオン（ネメアの獅子）や、怪物ヒュドラーを退治するなどの難行を達成した後、天にのぼる。

## 不思議な乙女がくれた宝箱の鍵

　ドイツにも、ユリにまつわる伝説が残っています。
ある羊飼いが、毎日森で羊番をしていました。ある日、
いつもの岩場に来ると牧羊犬が急にいなくなり、しば
らくすると喜んで帰ってくることに気づき、後をつけ
てみました。すると、秘密の扉の向こうに白い服を着
た乙女が立っていて、「キスをしてくれたら呪いから
解放される」と言いました。羊飼いがキスをすると、
宝箱を見せられ、鍵となる1本のユリの花を渡されま
した。宝箱に手を入れることを許された羊飼いは、毎
日その場所へ通ってユリの花で箱を開け、宝を持ち出
し大金持ちになりました。

花を贈る

## 冠婚葬祭に欠かせない花

　ローマでは結婚式において、ユリは「純潔」を象徴する花として、「多産」を
象徴する小麦とともに用いられていました。ユリは、バチカン市国の国花で、イー
スターに飾る花として、また、クリスマスや冠婚葬祭に欠かすことのできない
花です。白いイメージのユリですが、オレンジや赤、黄色、ピンクなどカラーバ
リエーションが豊富。色によって花ことばが違い、白は「純潔」、オレンジは
「華麗」という意味合いがあります。赤は「虚栄心」、黄色は「偽り」という花
ことばをもっているので、花束を贈るときは避けたほうがよいでしょう。

~~~ ᛫ᛌᛁ ~~~
## EVENT & FESTIVAL

# 三枝祭

## 疫病を鎮め、神武天皇の妃をお祭りする

6月17日、率川神社（奈良市本子守町）で「三枝祭」が開催されます。神社（奈良県桜井市）で行われる鎮花祭とともに疫病を鎮めることを祈る祭りです。三枝とはササユリのことで、ササユリの花を飾った黒酒「罇」と白酒「缶」の二種の酒樽を供えた神前で、ササユリの花を手にした4人の巫女が舞います。

言い伝えによると、率川神社の祭神で神武天皇の妃は昔、三輪山の麓、狭井川のほとりに住んでいました。その付近にはササユリが美しく咲き誇り、姫は、このほとりを歩いていたときに神武天皇と出会い、狭井川の姫の家で結ばれました。その縁で、ご祭神に喜んでいただこうと、酒樽にササユリの花を飾り祀るようになりました。

文武天皇の大宝元年（701年）制定の「大宝令」には、既に国家の祭祀として規定され、平安時代になると宮中からの使いがお供えの幣物や神馬を献上するなど、非常に丁重な祭祀が行われていました。率川神社は、三輪山から離れた平城京における防疫神として認識されていたのです。後世になると、いつの間にか廃れてしまいましたが、明治14年、ふたたび古式の祭儀に復興され、現在に至っています。

## カモミール　Chamomile

カミツレ、カミルレ　/　*Matricaria recutita*　/　キク科　/　4月〜7月

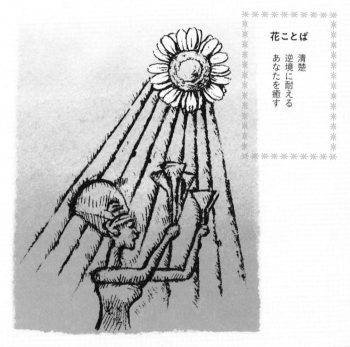

### 可愛らしさと、力強さを兼ね備える

　小さな白い花をつけるカモミールは、ヨーロッパ原産で、日本には江戸時代に蘭学とともに渡来しました。世界一古いハーブといわれ、エジプトでは神様や太陽に捧げる植物としても使われ、神聖な花のイメージから「清楚」という花ことばが生まれました。芝生になるほど根がしっかりしているので、「逆境に耐える」、リンゴに似た香りにリラックス効果があることから「あなたを癒す」という花ことばがあります。

# ラベンダー　Lavender

*クンイソウ / Lavandula angustifolia / シソ科 / 6月〜8月*

花ことば

優美　繊細　沈黙　疑惑　不信感

## ローマの浴場でも使われたハーブの女王

　「ハーブの女王」といわれるほど香りが強く、古くから、殺菌作用や不眠症などの症状を和らげる効果があるとされています。「Lavender」の語源は、ラテン語の「lavare（洗う）」で、古代ローマ人では入浴時に湯の中に入れられていたことにちなんでいます。

　聖母マリアは、「ラベンダーが害虫から衣類を守ってくれる」と、この花をとても気に入っていました。

花のrecipe

### 様々な花と合わせると、頭痛に効果的　SACHET

　頭痛がするときは、フレンチ・ラベンダーの花を、ゲッケイジュ、ベトニー、赤いバラ、マジョラム、カーネーション、ナツメグの花といっしょに小袋に入れて、枕のそばに置いて寝るとよいとされています。

# セージ　Sage

ヤクヨウサルビア　/　*Salvia officinalis*　/　シソ科　/　5月～6月

花ことば

知恵　尊敬　慎ましさ　長寿　救済

## 命に代えて、
## 王を愛したニンフの生まれ変わり

　アメリカやヨーロッパを原産とするセージは、ギリシャ時代から薬用・香辛料として利用され、日本には江戸時代に薬用植物として渡来しました。セージで花占いをすると未来の夫がわかるといわれているのは、ギリシャ神話に由来します。

　ある池のほとりに住んでいたセージという名前のニンフに、人間の王が魅了され、結婚を申し込みました。ニンフが人間を愛することは死を意味していましたが、ニンフは愛を受け入れ、王の愛撫を受けながら息絶えてしまいました。悲しみにくれた王が立ち去った場所から花が咲き、セージと呼ばれるようになりました。

> 花のrecipe

### 歯痛の治療にも活躍　UTILIZATI ON OF SAGE

　中世の書籍『パリの家長』には、白ワインにセージ、ショウガ、ゲッケイジュの葉を入れ、風味づけするレシピがあります。また、セージやほかのハーブを入れた熱湯の湯気を吸入し歯痛を治すという方法も記されていました。

## ミント Mint

セイヨウハッカ / *Mentha* / シソ科 / 7月〜9月

### 踏みつけられるほど香る、逆境に強いハーブ

　清涼感のある香りが特徴のミント。世界に約25種類あるとされ、日本のハッカもその1種です。ギリシャ神話によると、河の神コキュトスの娘で、ミンタ（あるいはメンテー）と呼ばれていた女性が、冥府の王ハデスの愛人となりました。ハデスの妻は怒り、彼女を踏みつけたところ、植物のミントになりました。この伝説から、踏みつけられるほど芳香を発するのだとされています。水辺を好んで生えるのも、かつて河の神の娘であったからだといわれています。

花ことば

有徳の人
美徳

## ディル Dill

イノンド / *Anethum graveolens* / セリ科 / 5月〜7月

### 薬草のほか、魔女除けとしても使われた

　茎の先端に、傘を開いたように黄色の小花を咲かせるディル。中世では香味野菜として栽培され、「香味と美のためのハーブ」とされていました。イギリス最古の医薬書『バンクスの本草書』はディルの薬効について、「鼓腸を抑え、不快ガスが胃腸にたまるのを防ぐ。しゃっくりを止める」と書いてあります。また、魔女除けとして用いられることもあったそうです。

花ことば

高ぶる感情

# ちょっと怖い花の伝説

　美しい花姿とは裏腹に、恐ろしい伝説をもつ花がいくつかあります。花ことばや別名も不吉な印象のものが多いため、贈り物には向いていないといえるでしょう。いくつか、伝説とともに紹介します。

## トリカブト
**Monkshood**
鳥兜
*Aconitum*

**花ことば**
人間嫌い
敵意
厭世的

　修道僧の頭巾のような特異な花姿から、「人間嫌い」「敵意」「厭世的」という花ことばをもつトリカブト。ギリシャ神話によると、英雄ヘラクレスが冥界の番犬ケルベロスを生け捕りにした際に、ケルベロスの口から毒気のある泡が吐き出され、それが大地に染み込み、そこから生えたのがトリカブトだったと伝えられています。ちなみに、根には猛毒があり、中世よりネズミなどの有害動物の毒殺に使われ「狼殺し」とも呼ばれることもありました。

## イチイ
**Yew**
櫟
*Taxus cuspidata*

**花ことば**
高尚
悲しみ
残念

　北海道や本州北部など、寒冷地を中心に全国各地に分布するイチイ。日本では神社仏閣に祀られることもあり、神聖なイメージがあります。ところが、ギリシャ神話には、復讐の女神たちがもつ木と記されています。復讐の女神エリニュスとは、蛇の髪と血走った目、背にはコウモリの翼をもつ、恐ろしい姿をした３人の老婆。それぞれが「止まない怒り」「嫉妬」「殺戮の復讐」を司っていて、手に松明を持ち、罪人をどこまでも追いかけるのです。この松明に使用されているのがイチイの木といわれています。

## ヒガンバナ
**Red spider lily**
彼岸花
*Lycoris radiata*

**花ことば**
あなたに一途
悲しき思い出
情熱

　愛知県知多郡美浜町にヒガンバナにまつわる怖い話が残っています。昔、村の鶏が襲われ、それを近所に住む六兵衛狐の仕業と思った村人は、巣穴の近くで松の葉を燃やし、六兵衛狐を追いやりました。すると、翌日、六兵衛狐を追い出した村人の子どもが夜になっても帰らず、翌日の夜になって、ぼんやりと歩く子どもが発見されます。その両手にはたくさんのヒガンバナが抱えられていたといいます。子どもがヒガンバナを抱えていたことの不可解さには、何かが隠されている気がしてなりません。ぼんやりと歩き続ける子どもの姿は、少し恐ろしく、またもの悲しげでもあります。この村では、ヒガンバナのことを「狐花」と呼ぶようになったそうです。

Part. 3

AUTUMN

# 秋
の
花のことば

# AUTUMN
# Calendar

秋は収穫祭をかねた大きな祭りが多い季節です。花が主役になることは春や夏にくらべて減りますが、花々はお祭りを彩るため、ともに添えられてわたしたちの側にあります。

9月
二十四節気では白露と秋分にあたり、暑さも和らいでくる季節。少し肌寒い秋風、緩やかな日差し、夜に聞こえる虫の音、ほのかに香るキンモクセイなど、五感で季節を感じることができる。

10月
二十四節気では寒露と霜降にあたり、朝晩の冷え込みが増してくる季節。ヨーロッパで収穫祭や謝肉祭があるように、日本各地でも五穀豊穣や収穫に感謝する行事が多く行なわれる。

11月
二十四節気では立冬と小雪にあたり、冷え込みが増してくる季節。立冬以降は暦の上では冬になる。山々から平地に紅葉が降りてきて、日本各地で紅葉狩りを楽しむことができる。

**太字**：本書での掲載花
⊖：二十四節気
⊕：七十二候
＊各種イベントは年ごとに誤差が生じるため、日付は毎年異なります。(2022年版)

## 9　September　〈 長月 〉

| | | |
|---|---|---|
| 1 | | |
| 2 | 禾乃登（こくものすなわちみのる）⊕ | |
| 3 | 秋の花パレード | 趣向を凝らした山車が、世界最大の花市場のあるオランダ・アールスメアからアムステルダムまでをパレードする。アムステルダムの秋の始まりを告げる一大イベント。 |
| 4 | | |
| 5 | | |
| 6 | | |
| 7 | | |
| 8 | 白露 ⊖　草露白（くさのつゆしろし）⊕ | |
| 9 | 重陽の節句、**菊の節句** | 中国の思想では奇数が陽の数として縁起がよく、奇数のなかでも大きい9が二つ重なるこの日をめでたいものとしている。日本では奈良時代から、この日に**キク**を愛で長寿を願う。 |
| 10 | | |
| 11 | | |
| 12 | | |
| 13 | 鶺鴒鳴（せきれいなく）⊕ | |
| 14 | | |
| 15 | | |
| 16 | | |
| 17 | | |
| 18 | 玄鳥去（つばめさる）⊕ | |
| 19 | | |
| 20 | 秋の彼岸入り ⊖ | 先祖の霊が戻ってくるお彼岸。ちょうどこの時期に咲くヒガンバナは、お墓を獣から守るために植えられていた。また、先祖の供養には、花盛りのキクが定番。おはぎもこの時期に咲くハギの花になぞらえて名前がつけられた。 |
| 21 | | |
| 22 | | |
| 23 | 秋分 ⊖　雷乃収声（かみなりすなわちこえをおさむ）⊕ | |
| 24 | | |
| 25 | | |
| 26 | | |
| 27 | | |
| 28 | 蟄虫坏戸（むしかくれてとをふさぐ）⊕ | |
| 29 | | |
| 30 | | |

## 10 October 〈神無月〉 かんなづき

1
2
3 水始涸（みずはじめて
かるる）㊤
4
5
6
7
8 寒露 ㊥
鴻雁来（こうがんきた
る）㊤
9
10
11
12
13 **菊花開**（きくのはなひ
らく）㊤
14
15
16
17
18 蟋蟀在戸（きりぎりす
とにあり）㊤
19
20
21
22
23 霜降 ㊥
霜始降（しもはじめて
ふる）㊤
24
25 **サフラン祭り**　バエリアなど、スペイ
ン料理に欠かせない香
辛料であるサフラン。
その産地であるスペイ
ン・コンスエグラで
は、毎年10月の最終
日曜日（25〜31日）
に、収穫を祝ってお祭
りを開催する。
26
27
28 霎時施（こさめときど
きふる）㊤
29
30
31 ハロウィーン死者の日　地域により死者の日。

## 11 November 〈霜月〉 しもつき

1 死者の日（メキシコ）　11月1日から2日（地
域によっては10月31
日も含む）にかけて、
故人の魂が戻ってくる
のを迎えて、明るく楽
しく祝うメキシコのお
祭り。色鮮やかに飾っ
た骸骨と、**マリーゴー
ルド**や**ケイトウ**などの
花で祭壇を作る。
2 **楓蔦黄**（もみじつたき
ばむ）㊤
3
4
5
6
7 立冬 ㊥
**山茶始開**（つばきはじ
めてひらく）㊤
8
9
10
11
12 地始凍（ちはじめてこ
おる）㊤
13
14
15
16
17 **金盞香**（きんせんかさ
く）㊤　**スイセン**が咲き香る。
「金盞」は金の盃のこ
とで、スイセンの黄色
い冠のこと。
18
19
20
21
22 小雪 ㊥
虹蔵不見（にじかくれ
てみえず）㊤
23
24
25
26
27 朔風払葉（きたかぜこ
のはをはらう）㊤
28
29
30

# キク

**Mum,** 菊

イエギク / *Chrysanthemum×morifolium Ramat.* / キク科 / 9月〜11月

## 中国から伝わった不老不死の象徴

　キクは、サクラとともに日本を代表する花のひとつ。皇室の紋章①や、日本国のパスポートにも国章として用いられています。原産地は中国ですが、原種が何であるかについては諸説あり、植物学者の北村四郎博士による「シマカンギクとチョウセンノギクが、分布の重なる中国中部で交雑し生まれた」という説が有力とされています。日本には、リュウノウギクやアブラギク、ハマギク、ノジギクなどが自生しています。

　中国では長寿を意味する花とされています。魏の初代皇帝の曹丕は、体が弱く15歳までしか生きられないと予言されていましたが、菊花酒を飲んだことで身体が丈夫になり、歴史に名を残すことができたといいます。菊花酒とは、キクの花が見頃の時期に葉や茎を摘み、もち米に混ぜて発酵させた薬酒のこと。

　この菊花酒は、現代医学の研究でも、中枢神経の鎮

① 皇室の紋章

高貴で美しいことから君子に似ているとされ、梅、竹、蘭と共に四君子とされたキク。皇室の紋章は32弁の八重菊紋である十六葉八重表菊。

静や血圧降下作用などの効能が認められています。中国では、重陽（９月９日）の節句には、菊花酒を飲む風習があります。

　日本にも初めは薬用として伝わりましたが、平安時代にキクを観る菊花宴②が盛んに行われるようになり、キクを観賞し楽しむ文化が生まれました。ちなみに、飲まれる菊花酒は、中国のような発酵酒ではなく、キクの花を盃に浮かべたお酒でした。

② 菊花宴

陰暦９月９日、重陽の節供の日に宮中で催された観菊の宴。菊の節会（せちえ）、重陽の宴、菊花の宴、菊水の宴とも呼ばれる。

## 巣鴨で誕生した菊の芸術作品

　キクには現在、様々な色や形があります。紫色のキクは、『源氏物語』に「紫の雲にまがへるキクの花にごりなき世の星かとぞ見る」とあり、平安時代にはすでにあったことがわかっています。また、中国の宗代（960年〜1279年）にキクの品種が数多く作り出され、当時の専門書『菊譜』には、赤と白のキクが記されています。キクは、古くから栽培や交配が盛んで、この頃には現存するキクの花色はほぼそろっていたようです。

　1458年、明王朝期の中国で書かれた『菊譜百詠図』が、1685年に日本でも出版されると、キク作りはさらにブームとなりました。江戸の巣鴨では、キクの枝を曲げ、花や葉などで人形などを作る菊細工が生まれ、菊細工を業とする家が50軒以上出現しました。千駄木にある団子坂には、坂の両側に菊人形③が展示され、東京名物のひとつとなりました。

③ 菊人形

菊で作られた衣装をまとった人形。天保15年（1844年）に江戸の巣鴨の霊感院において菊でできた日蓮上人のパノラマが展示された。

花を贈る

## 心地よい香りでリラックスできる菊枕

　現在ではあまり聞かれませんが、昔、キクの花びらを乾燥させ、枕の中綿の代わりにつめた菊枕を、女性が想いを寄せる男性に贈るならわしがありました。香りがよく、頭痛や目の病気などにも効果があるともいわれています。

花のrecipe

## 料理の幅が広く、 鮮やかな色味も添えてくれる　EDIBLE FLOWER

　菊には食用菊という食べることができる品種もあります。最大の産地は山形県で、そのほか、新潟県や青森県でも育てられています。おもに、花弁のおひたしや、天ぷら、ジャムなど、調理法は様々。ビタミンが豊富で、体内にある解毒物質グルタチオンの生成を高める効果も認められています。よく、お刺身のつまとして利用されているのは、この解毒作用を期待しているからなのです。

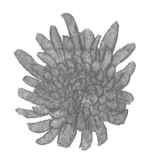

EVENT & FESTIVAL

# 着せ綿

## キクの露を吸わせた綿で、長寿を願う

　旧暦の9月9日は重陽の節句と呼ばれ、平安時代には、その前日の9月8日のうちに、キクの花の上を真綿でおおい、9日の朝に露を吸ったその綿で顔や肌を拭うと、邪気を払い長寿になれると伝えられています。この綿のことを「着せ綿」といい、紫式部も、歌集『紫式部日記』のなかで、「菊の花若ゆばかりに袖ふれて　花のあるじに千代はゆづらむ」と詠んでいます。これは、藤原道長の妻から着せ綿をもらい感激するも、「私は若返る程度に少しお袖に触れさせていただき、千年の寿命は、花の持ち主であるあなた様にお譲りします」と、着せ綿をていねいにお返ししようと詠んだものです。また、『源氏物語』でも、光源氏は愛妻の紫の上とともに、毎年9月9日にキクの着せ綿で肌をぬぐい、長寿を願っていたところ、紫の上を失ってしまい、途方に暮れる姿が描かれています。ただ、菊の準備が間に合わないことも多く、染色した造花で代用する年もあったようです。小林一茶の句に「綿着せて十程若し菊の花」があり、江戸時代にも、着せ綿の風習はまだ残っていましたが、現在では失われてしまいました。

# ケイトウ

**Cocks-comb, 鶏頭**

カラアイ、トサカゲイトウ ／ *Celosia argentea* ／ ヒユ科 ／ 8月〜12月

## 花の汁は染料としても活用

　ベルベットのようなフリル状の花を咲かせるケイトウ。その姿が、雄鶏のトサカ（鶏冠）のように見えることから「鶏頭」という名前がつけられました。じつは、トサカのように見える部分は、花ではなく茎が変化したもの。実際の花は、その下に小さく密集して咲いています。学名の「argentea」はギリシャ語で燃焼を意味する語に由来します。これはケイトウの花が燃えさかる炎に見えることから名付けられたそうです。原産地は熱帯アジアやインドで、日本には古い時代に中国や韓国を経由し導入されました。

　中国から伝わったケイトウの花の汁の染料「韓藍」から、「からあいの花」ともいわれていて、『万葉集①』にも「韓藍」「辛藍」「鶏冠草」などと呼ばれ、若い女性に例えられて登場します。実際に赤い花の部

① 万葉集

白井光太郎は『万葉集』の「からあい」をケイトウにしたが、ベニバナとする説もある。

分を集めて染めてみると、朱色がかった赤色に染まるようです。また、古く朝鮮ではケイトウの種粒を豚などの家畜の飼料とし、根や茎は乾燥後いぶしてネズミ除けに使われました。

## 観賞用ではなく野菜として栽培されていた

鮮やかな色やエレガントな見た目から、なかなか味の予想がつきませんが、江戸時代には食用として出回っていました。いまでも食用花として知られ、花をはじめ若葉を茹でたおひたしや、胡麻和え、油炒めなどにして味わうことができます。

アメリカや中国の雲南省でも、ケイトウの仲間のヒモゲイトウの種子を食用として栽培していました。16世紀のスペイン人によると、メキシコのアステカ族②もケイトウの近縁種を古くから穀物として利用していたそうです。

園芸品種も多く、鉢植えや切り花としても栽培されていて、黄色、白、オレンジなどは花色も豊か。形も、先端が尖ったものや球状のものなど様々です。暑さに強く、花持ちもよいため、切り花やブーケ作りにも活躍します。

② メキシコの
　アステカ族

メシカ族ともいい、スペイン人渡来以前のメキシコで、メソアメリカ文明の最後に現れた文明期の人々。メキシコで行われる死者の祭りでも、ケイトウはマリーゴールドとともに使われる。

# コスモス

**Cosmos, 秋桜**

アキザクラ、オオハルシャギク / *Cosmos bipinnatus* / キク科 / 8月〜10月

### 花ことば

調和　平和　美しさ
乙女の真心　謙虚
愛情　調和（赤）
優美（白）
純潔（ピンク）

## サクラのように、 日本になじむ秋の花

　コスモスは夏の終わり頃から日本中いたるところで咲き始め、秋の訪れを教えてくれます。和名で「秋桜」と呼ばれていて、桜前線ならぬ、コスモス前線があるほど、日本の風土になじみ、季節の移り変わりを教えてくれる存在です。ちなみに、桜前線は日本列島を南から北上するのに対し、コスモス前線は北海道から南下します。

　花名の語源は、花びらが整然と並んでいる様子から、ギリシャ語で秩序や調和を意味する「kosmos①」に由来しています。それゆえにコスモスは整ったモード、均整のとれたファッション、あるいは宇宙と結びつけられました。花ことばの「調和」「平和」「美しさ」は、このギリシャ語から結び付けられたものだと考えられます。

① kosmos

秩序や調和という本来の意味から、「（調和がとれていて）美しい」「（天体が秩序立って運行することから）宇宙」のように非常に広い意味を含むようになった。

また、茎が１〜２ｍにも伸び、強風にあおられると
すぐに倒れてしまいますが、倒れても地に接したとこ
ろから根を出し、弓なりに起き上がって花を咲かせる
生命力の強さも備えています。

## 「新・秋の七草」の第一候補

原産地はメキシコ②で、日本には明治時代に渡来し
ました。一説によると、東京美術学校（現東京藝術大
学）の教師をしていたラグーサが、1879年に故郷イ
タリアから種子を持ち帰ったのが最初といわれていま
す。明治の末頃には、一部の地域ではすでに野生化す
るほど増えていて、夏目漱石の随想禄『思い出す事な
ど』には、「桂川の岸伝ひに行くといくらでも咲いて
いる」と書かれています。

これほどまでに、秋の花として親しまれていたコス
モスですが、秋の七草は「萩、尾花、葛、撫子、女郎
花、藤袴、朝顔」とされ、コスモスは入っていません。
しかし、撫子は夏の花だったり、葛の花は花付きがわ
るかったりといういくつかの理由から、昭和に入って、
新たに秋の七草を選び直す試みが何度かなされていて、
コスモスは常にその候補の筆頭です。

ただ、かつてのコスモスは秋咲きでしたが、品種改
良が進み、早咲きのコスモスも生まれ、夏の頃から咲
いているものもあります。また、湿度があれば冬でも
咲き、実際に、亜熱帯地方では気温が涼しく短日にな
る冬に咲く花とされています。

② 原産地はメキシコ
コスモスの仲間であるコ
スモス属はアメリカのア
リゾナ州から南アメリカ
のボリビアにいたる地域
までに分布し、26の原
種がある。その内の多く
がメキシコ産。

## 憧れと親しみが込められる名前

コスモスは、とても親しみ深い花の名であると同時に、神秘的でロマンあふれる宇宙を指す名前でもあります。そのため、企業名や楽曲のタイトル、キャラクターの名前、また宇宙開発の計画名など、様々にその名が借りられています。愛らしさや親しみと、宇宙への憧れが重なる響きには、特別なものを感じているのでしょう。

### 花を贈る

### 色も香りもチョコレート

チョコレートコスモスは、名前の通り、チョコレートに似た香りを放つ珍しいコスモス。色も茶色がかっていて、チョコレートを連想されるので、ブーケのアクセントや、束ねて香りを楽しんでもらうのもおすすめです。ただし、花ことばは「恋の思い出」「恋の終わり」。愛の告白のシーンなどでは選ばないほうがよさそうです。

### 花のrecipe

### 野菜のように食べたいコスモス　ULAM RAJA

ウラムラジャというコスモスは、別名「ヤサイコスモス」と呼ばれ、食用のコスモスです。苦味やエグ味がまったくなく、サラダ感覚で食べることができます。独特の風味があり、魚料理などと相性がいいようです。栄養素も高く、ビタミンCや、抗酸化物質のアンチオキシダントが豊富。熱帯〜亜熱帯地域では一般的に流通していますが、日本ではまだ知名度が低いようです。

# コスモス祭り

## コスモス畑は、 秋の観光スポットとしても人気

　日本には北海道から九州・沖縄まで、100万〜1000万本もの
コスモスが咲き乱れるコスモス畑がいくつかあり、観光名所に
なっているほか、コスモス祭りを開催している場所もあります。
コスモスの本数が多いスポットをいくつかご紹介します。

　北海道の「太陽の丘えんがる公園」の「虹のひろば」では、
8月中旬から9月下旬にかけて1000万本のコスモスが10haの
丘に咲き、日本でいち早く秋の美しい風景に出合うことができ
ます。東京で一面に広がるコスモスを見たいなら、立川市にあ
る国営昭和記念公園がおすすめです。9月中旬から10月末に
かけてピンク色のコスモス約400万本が一斉に咲き、8月下旬
から咲く黄色いコスモスと合わせると約550万本ものコスモス
が咲き乱れ、「コスモスまつり」も開催されています。

　九州では大分県中津市にある三光コスモス園が、コスモス
畑として有名です。驚くのはコスモスの本数。八面山の裾野、
16haもの敷地に約2800万本ものコスモスが咲き乱れます。コ
スモス祭りには、見渡す限りのコスモス畑を見ようと、多くの
人が訪れます。2月になると沖縄でもコスモスが咲き始めます。
金武町伊芸地区では、地元の人たちが田んぼに植えたコスモス
が咲き、他県と比べると本数は少ないものの、地元の風物詩と
なっています。

№ 57　# コットンフラワー（綿花）

Cotton flower

ワタ、アジワタ　/　*Gossypium arboreum*　/　アオイ科　/　6月〜10月

## 遠い昔から伝わる、暮らしの必需品

　淡い黄色の花が咲き、その後、丸みのある実が熟しはじけると、白いふわふわの綿（ワタ）が現われます。布団の詰め綿や脱脂綿など、暮らしのなかで広く利用されていますが、紀元前2300年から紀元前1800年頃に栄えたインダス川流域のモヘンジョ・ダロの遺跡からも綿布が発見されていて、古くから実用化されていたことが分かっています。千葉県の奈良時代の遺跡から綿花の種子が発見され、日本には奈良時代以前に伝わった①と考えられています。

　原産はアジアですが、アメリカ南部で広く栽培されていて、全世界の綿生産の約85%を占めたことも。残りは、おもにエジプト、インド、中国、ブラジルで生産されています。花屋さんで、綿がついた状態の茎を手に入れることができますが、これは綿の実が熟したものを茎ごとドライフラワーにしたものです。

① 日本には
　奈良時代以前に
　伝わった

綿は、日本に伝わると米と並び商品作物として盛んに生産された。また、誰もが作りやすく、日本の気候にも合った素材だったため、農民から下級武士の家庭まで、衣服として大いに利用された。

# 花に隠れた妖精が織った、真っ白な織物

　綿の誕生を描いたアメリカの昔話が残っています。昔、沼のほとりに妖精が住んでいて、とても美しい織物を作っていました。その織物があまりに美しかったので、同じ沼に住んでいるクモが嫉妬し、妖精を殺そうと企てました。そのことを知った妖精はすぐさま逃げ出し、ホタルに助けを求めました。ホタルは暗闇に灯をともしながら妖精を連れて逃げ、花の中に飛び込むよう言いました。妖精を追って花の中に入ったクモは花弁に止まろうとしましたが、妖精の一撃により地面に落ち、花弁が閉じて妖精の姿を見失ったので、探すのを諦めました。3日後、花の後についた玉が開くと、花の中に隠れていた妖精が織った雪のように白い織物が現われました。これが綿の誕生です。

花のrecipe

## クリスマスリース　CHRISTMAS WREATH

　雪をイメージさせる真っ白なコットンフラワーは、クリスマスリースの材料として人気です。綿が溢れ出た実の部分をハサミで切り取り、リース台に挿すだけで簡単にクリスマスらしいリースが完成します。ブルー・アイス等の針葉樹の枝をすき間に挿してグリーンの色味をプラスしたり、鈴や柊の葉をあしらったりすると、よりクリスマスらしくなるでしょう。

● 材料・道具
・リース台
・針葉樹（ブルー・アイス等）
・コットンフラワー
・ハサミ

# シュウメイギク

**Japanese anemone,** 秋明菊

キブネギク / *Anemone hupehensis var. Japonica* / キンポウゲ科 / 9月〜11月

## キクではなく、 アネモネの仲間

　中国原産のキンポウゲ科の多年草で、日本には室町時代あたりに伝わりました。キクという名前がついていますがアネモネの仲間で、英名は「ジャパニーズアネモネ」です。

　京都北部の貴船山あたりに多く自生していたことから「貴船菊（きぶねぎく）」とも呼ばれ、貴船神社①では五節供神事を締めくくる「重陽の節供」の日にあたる9月9日に、キクとともに菊花祭に奉覧されます。

　花ことばが少し暗いイメージのものがついているのは、この花が半日陰の湿気があるところを好むことからではないかと考えられます。

　庭に植えられたり、鉢ものとして秋に出回ります。一重咲き、八重咲きの濃いピンクの花のほか、園芸種には一重咲きの白花や、淡いピンクの花があります。

① 貴船神社

京都市左京区鞍馬貴船町に鎮座。水の供給を司る神「高龗神（たかおかみのかみ）」を祀り、農漁業、醸造業者らの信仰も厚い。全国貴船神社約260の総本社。

# № 59 ストレリチア

**Strelitzia**

*ゴクラクチョウカ / Strelitzia / ゴクラクチョウカ科 / 10月〜2月*

## どこか気取ったフォルムも魅力

　黄色、オレンジ、青、紫が見事に配色され、南国の太陽のような明るい色をしたストレリチア。南アフリカ原産のゴクラクチョウカ科の多年草で、花の形が羽色が鳥類で最も美しいとされている極楽鳥①に似ていることから「極楽鳥花」と呼ばれています。英名の別名「Bird of paradise」も極楽鳥という意味です。

　花姿が気取った女性を連想させることから、「すべてを手に入れる」「気取った恋」という花ことばがつきました。花名は、植物愛好家として知られたイギリスのジョージ3世妃の家名である「ストレリッツ（Strelitz）」にちなんでいます。

　1872年より日本へ渡来し、切り花にしても花持ちがよく、華やかで見栄えもよいことから、高級生花として扱われています。

① 極楽鳥

フウチョウ科の鳥の総称。現在はニューギニアとその周辺の島やオーストラリア北部に多く分部する。代表種のコフウチョウは、頭、腹、翼は紫色、顔からのどは緑色に光り、脇に長いふさ状の黄色い飾り羽をもっている。

# スカビオサ

Scabiosa

セイヨウマツムシソウ、リンボウギク ／ *Scabiosa* ／ スイカズラ科 ／ 8月〜10月

花ことば

感じやすい
魅力
未亡人

## 恋に破れた娘の生まれ変わり

　無数の細い花弁をもつスカビオサ。属名の「Scabiosa」は、スカビオサが属する仲間に皮膚病に効果があると信じられた種があることから、疥癬を意味するラテン語「scabiea」に由来しています。「西洋松虫草①」という別名もありますが、原産地は南ヨーロッパのほかに、日本、アジアも含まれています。

　ギリシャ神話によると、ケンタウロスの娘で医師のフィチアが、患者として訪れた羊飼いに恋をしますが、失恋してしまいました。悲しみのあまり死んでしまった彼女を、神がスカビオサの花に変えたと伝えられています。このエピソードが、花ことばの「感じやすい」につながっていると考えられています。

　パステルカラーのほかに、濃い花色もあり、茎の表情も豊かなので、アレンジメントによく使われます。

① 松虫草

マツムシソウ科の多年草。高原の草地に生え、8月〜10月に紫色の花を咲かせる。

№ 61 **センリョウ**

Chloranthus, 仙蓼, 千両

クササンゴ / *Chloranthus glaber* / センリョウ科 / 7月〜8月（花）　11月〜1月（実）

## 赤い実をたわわにつける縁起物

　江戸時代に「千両、万両①、有り通し（有り続けて困らない）」というはやし言葉があり、商売繁盛の縁起物として人気があったセンリョウ。長楕円形の葉は分厚く、茎先の4枚の葉が対生した真ん中に、珊瑚色のつやのある赤い実をつけます。

　センリョウよりも多くの実をつけるマンリョウとともに、日本に自生する植物で、商売繁盛につながるお正月に欠かせない植物です。ともに名だけではなく、見た目も似ていますが、センリョウは葉の上に、マンリョウは葉の下に実をつけます。

　「赤い実の美しさは百金にも勝る」といわれていることから、花ことばも富を表すものがつけられています。実の色から「草珊瑚」という別名もあり、黄色い実をつけるセンリョウは「黄実千両」と呼ばれています。

① 千両、万両

江戸時代後期になり、「千両・万両」の漢字が書物に出てくるが、「仙蓼菓」や「仙蓼」としても出てくる。

ダリア

Dahlia

テンジクボタン / *Dahlia Cav.* / キク科 / 7月〜10月

## ナポレオン妃が自ら育て愛した花

　大輪の花をつけるダリアは、ナポレオン妃のジョセフィーヌが愛した花のひとつ。自らマルメゾン宮殿で植え育てるほどの熱中ぶりでした。皇子や大臣たちを宮殿に招きダリアを観賞できるようにもしていましたが、花、種、根を持ち出すことは禁じていました。

　ところが、ポーランドの皇子が、宮殿の庭師を手懐りダリアを100本盗んでしまうという事件が起こります。ジョセフィーヌは二度とダリアを育てることはありませんでした。

　原産地はメキシコで、同国の国花にもなっています。ヨーロッパを経由し中国に伝わると、ボタンのように大輪の花を咲かせることから人気が出ました。ダリアに松を組み合わせると「大吉大利①」を表します。これはダリアが中国で「大麗」と呼ばれていて、「麗」は「利」と同音であることからの吉祥図②です。

① 大吉大利

大吉は日本語同様の「大吉、縁起のよい」で、大利は「順調」の意味。中国における正月の挨拶でもある。

② 吉祥図

おめでたい、縁起のよい図柄や図案のこと。松には「いつまでも、永遠に」の意味が込められているため、ダリアと合わせると「いつまでも順調に」のような意味になる。

## №63 ネリネ

Nerine

ダイヤモンドリリー、ヒメヒガンバナ　/　*Nerine spp.*　/　ヒガンバナ科　/　10月〜11月

### キラキラと輝くダイヤのような花

　花名は、ギリシャ神話に登場する水の妖精ネレーイス①からつけられました。ネレーイスはとても美しく華やかな妖精として知られています。花ことばの「箱入り娘」は、ネレーイスが、海底で歌ったり踊ったり、糸を紡いだり、箱入り娘のような暮らしをしていたことに由来します。

　花弁が、光に当たるとキラキラと輝くことから、「ダイヤモンドリリー」とも呼ばれるようになりました。花弁の縁や先端がややちぢれ、反り返っているほか、花が咲いてから葉が出てくるのも特徴です。

　花も茎も、ヒガンバナ（p.150参照）によく似ているので、「ヒメヒガンバナ」という別名もあります。ただ、ヒガンバナはアジア原産ですが、ネリネは南アフリカ原産です。

① ネレーイス

ギリシャ神話の海神ネーレーウスの娘たちのこと。人数は50人とも100人ともいわれている。

# パンジー

**Pansy**

サンシキスミレ、ユウチョウカ、コチョウカ / *Viola×wittrockiana* /
スミレ科 / 10月～5月

## 物思いにふける可憐な花

　和名で「三色スミレ」と呼ばれるように、原種のパンジーは、紫・クリーム・黄色の3色を基本色としています。かつては、良い香りを放つため、多くの人が自生しているパンジーを必死に探すほどの人気ぶりだったそうです。

　原産地はヨーロッパで、日本には江戸時代末期に伝わりました。花名は、咲いた花の姿が物思いにふける人の顔に似ていることから、フランス語の「パンセ（物思う）」が転じてつけられました。また、花の形が蝶々に似ているので、「遊蝶花」「胡蝶花」という別名もあります。

　サンシキスミレをはじめとしたヨーロッパ原産のいくつかの野生種をもとに交配が進み、現在は数千種類もの品種があります。一般的ではありませんが、黒い

　パンジーも登場しています。でも黒く見えてじつは濃い紫色。黒いパンジーの花弁の表皮細胞には、乳頭状の突起があり、その影と濃紫によって黒く見えるのです。

　また、パンジーとビオラは、見分けがつきにくいといわれますが、大きめの花がパンジー、より原種に近い小型の花がビオラです。

## 花汁は、ひとめぼれをしてしまう惚れ薬

　ギリシャ神話によると、愛の神エロースが、ある日ふと自分の足元を見ると、雑草のなかに、可憐な花を見つけ大いに気に入りました。そして、控えめに咲く健気な花に「これからおまえはますます美しく、気高く咲くことになる」と言って花にキスをしました。その花こそがパンジーでした。

　シェイクスピアの戯曲『真夏の夜の夢』①にもパンジーが登場します。妖精の王オーベロンは、妃タイテーニアと喧嘩をし、仕返しのつもりで彼女のまぶたにパンジーの花汁を塗りました。目を覚ました時に、最初に見た生き物に恋をするという惚れ薬です。タイテーニアは、翌朝目覚めたときに、最初に見たのはなんとロバ。こうしてドタバタ騒ぎが始まるのでした。この作用を解くには、ヨモギかセイヨウニンジンボクから作った薬をパンジーの花汁②が塗られたまぶたに塗りかえなくてはならないと書かれています。

① 戯曲『真夏の夜の夢』

1590年代中頃に描かれた喜劇形式の戯曲。アテネ郊外の森を舞台に、恋人たちと職人たちが妖精の魔法に操られて繰り広げられる夢幻劇。

② パンジーの花汁

この時代にあったのは、パンジーの原種サンシキスミレ。よって、この戯曲に登場するのもサンシキスミレだったと考えられている。

## 風変わりな異称を数十以上もつ

　また、パンジーは、多くの異称をもっています。その数は数十を超えるでしょう。「ハーツ・イーズ（心の慰め）」や、「ラブ・イン・アイドルネス（つれづれの恋の意）」のほか、古名には「ヘルバ・トリニティズ（三位一体の草）」などもあります。

　これは、花色が３色であることから、キリスト教の、神と子（キリスト）と聖霊との関係になぞらえてつけられたものです。しかし、キリスト教徒のなかには、この名称が不謹慎であるとして、よく思わない人もいたと伝えられています。

　このほかに、「レイデイズ・フラワー（聖母の花）」「バーズ・アイ（鳥の眼）」「キス・ミー・クイック（素早くキスして）」「カル・ミー（私を摘んで）」「ステップマザー（継母）」「ジャンプ・アップ・アンド・キス・ミー（飛び上がってキスして）」などがあります。

| 花のrecipe |

### 料理をカラフルに彩り、栄養もたっぷり　EDIBLE FLOWER

　じつは、パンジーは食べることができる花。香りや味にクセがないので食べやすく、料理にもスイーツにも使うことができます。繊維質が豊富で$\beta$-カロテンがトマトの４倍も含まれていて、野菜と同じくらいの栄養があります。サラダやフレンチトーストなどにのせて、彩りも楽しみましょう。

# パンジー・ビオラの観賞イベント

## 個人育種家によって、進化し続けるパンジー・ビオラ

可憐な花姿と明るい色合いが人気のパンジーとビオラ。じつは、年々、その色合いや形は進化していて、全国各地で観賞イベントが開催されるほど話題になっています。

たとえば、花弁の中に、シルバーでキラキラと光る部分ができる形質を指す「焼け」という模様や、花弁をシクラメンのようにひるがえして咲く「反転咲き」、花弁の縁にギザギザした切れ込みが入る「切れ弁」など、個性豊かな姿は、もはや芸術作品の域といえます。

観賞イベントのなかでも有名なのが、北海道で4月下旬から6月中旬に開催されている「パンジー・ビオラCollection」です。約400品種のパンジーやビオラが展示され、種苗メーカーオリジナルの品種や個人育種家の作品など、多種多様のパンジー・ビオラが並びます。中部地方で毎年開催されている「パンジー・ビオラ世界展」では、花の展示だけでなく、パンジー・ビオラの歴史や、育種家の紹介パネルなども展示し、こちらも多くの愛好家でにぎわいます。

なぜ、色合いや形が進化し続けているのか？ その背景には、個人育種家の存在があります。育種とは、異なる花同士を掛け合わせて種子を作り、それを蒔いて新しい花を生み出すこと。パンジーやビオラは種子を蒔いて3ヶ月後には結果が出ること、そして、もともと交雑しやすく、新しい花が生まれやすいことから、育種が広がり、新しい色や形が次々に生み出されているのです。関東や九州などでも観賞イベントが開催されているようなので、ぜひチェックして足を運んでみてください。

# ブーゲンビリア

**Bougainvillea**

ココノエカズラ / *Bougainvillea* / オシロイバナ科 / 5月〜11月

## 南国が似合う情熱的な花

　赤、ピンク、オレンジなど、ビビッドな花色が印象的なブーゲンビリア。南アメリカ原産のつる植物で、ひしめくように花を咲かせ、南国の景色を鮮やかに彩ります。

　18世紀後半にフランス人の探検家ブーガンビルに同行した植物学者コメルソンが発見し、ブーガンビルを讃えてこの花名がつけられました。花ことばは、華やかな花姿や、熱帯生まれの植物がもつ情熱的な雰囲気からつけられました。

　花のように見える部分は苞①で、苞の中央にある白い部分が花です。鋭いトゲがあるため、ハワイでは「pua kepalo（悪魔の花）」とも呼ばれています。

　カリブ海の島国グレナダの国花で、台湾やマレーシアなどいくつかの郡花でもあります。

① 苞

花や花序の付け根に出る葉。芽やつぼみを覆って、花を保護している。

Nº 66 # フヨウ

Cotton rose, 芙蓉

モクフヨウ / *Hibiscus mutabilis* / アオイ科 / 8月〜10月

花ことば
繊細な美
しとやかな恋人

## すぐにしぼんでしまう儚さに宿る美

　種名の「mutabillis」には「変わりやすい、不安定な」という意味があります。その名のとおり、朝、淡い紅色の大輪を咲かせるも、夕暮れにはしぼんでしまうフヨウ。その儚さが、艶麗な美女を思わせることから、美しい女性の顔を「芙蓉の顔」と形容します。

　原産地は、中国①の亜熱帯地域、台湾、四国から沖縄にかけての地域で、冬になると、枝先に毛に覆われた鞠のような実をつけます。実の中には小さな種子が入っていて、風に揺られるとカラカラと音がし、やがてはじけて種子を散らします。

　枯れた姿を「枯芙蓉」といい、風情を感じる見た目から、いけばなの材料にもよく使われます。発音が「夫の容」と同じことから、夫婦円満の象徴としても扱われています。

① 中国

もともと「芙蓉」は中国でハスの花の美しさを讃えた表現。それと区別するために「木芙蓉（もくふよう）」や「花芙蓉」と呼ばれた。

# ムラサキシキブ

**Beauty berry, 紫式部**

ミムラサキ ／ *Callicarpa japonica* ／ クマツヅラ科 ／
6月〜7月（花）　9月〜11月（実）

※※※※※※※※※

花ことば

賢　聡
さ　明

※※※※※※※※※

## 平安時代の才女・紫式部の名を受け継ぐ花

　初夏に薄紫色の小花を咲かせるムラサキシキブ①。秋になると、実は紫色に変化し、小さなブドウのような姿になります。和名の「紫式部」は、紫色の実の美しさが、『源氏物語』の作者である紫式部を思わせることからつけられました。紫式部が、平安時代の才女として語られていることから、「聡明」「賢さ」という花ことばもつきました。

　原産地は、日本、中国、朝鮮半島で、日本のムラサキシキブをヨーロッパに紹介したのは、スウェーデンの植物学者ツンベリーでした。彼が名付けた学名の「*Callicarpa japonica*（カリカルパ・ヤポニカ）」とは、カリカルパはギリシャ語で「美しい果実」、ヤポニカは「日本」、つまり「日本の美しい果実」という意味でした。英名も「Beauty berry」であるように、国を問わず実の美しさが称えられています。

① ムラサキシキブ
園芸品店では鉢植えでコムラサキ（コシキブ）が流通している。こちらはムラサキシキブよりも背丈は小さいが多くの実をつけ、細い枝が弓のように曲がって垂れる。

## № 68　モミジ

Maple, 紅葉

カエデ、カエルデ　/　*Acer palmatum*　/　カエデ科　/
4月〜5月（花）　10月〜12月（紅葉）

### 赤く輝く紅葉は、日本だけの秋の美

　モミジは、秋の風物詩「紅葉」の主役。黄色から赤色に変化し、色鮮やかなグラデーションを演出します。しかし、このグラデーションは日本だけで見られる自然美。カエデ属カエデ科の総称①であるモミジは、日本に26種もあるため、様々な濃さの赤や黄色に変化するモミジがあり、それらが隣り合った場所で色づくことでグラデーションを織りなしています。種類の乏しいヨーロッパでは黄褐色や黄色といった色彩が多いようです。北米には、赤く染まるサトウカエデがありますが、近縁種が少ないため彩りは単調です。

　モミジは、植物学的には、カエデ属の仲間のことをいいます。植物が色づくことを意味する「もみつ」という自動詞の名詞形「もみち」が転じて生まれた名前で、『万葉集』にも、モミジをさす「もみち」が1首だけ登場しています。

① カエデ属
カエデ科の総称

モミジとカエデは分類上同一のカエデ属。園芸品種ではモミジ系が多いが、野生種ではイロハモミジ、オオモミジ、ヤマモミジと少数。

# リンドウ

**Gentian, 竜胆**

ササリンドウ、エヤミグサ / *Gentiana scabra var.buergeri* / リンドウ科 /
9月〜11月

## 熊の胆より苦い胃薬

　青紫色の鐘形花で、日が当たるときだけ花開くリンドウ。原産地は日本ですが、中国にも近縁種があるようです。漢方薬として珍重されていて、古代ローマ時代からヨーロッパにも伝わりました。日本でも、リンドウやエゾリンドウの根を「竜胆」という漢方薬として古くから利用しています。乾燥させた根は苦みが強く、熊の胆①以上といわれたことから「竜の胆」と名付けられ、「リュウタン」が「リンドウ」に転じたようです。おもに健胃剤として使われます。

　栃木県の日光にはリンドウが登場する「二荒縁起」という物語があります。7世紀頃、呪術者・役小角②が山道を歩いていると、ウサギが雪の中のリンドウを掘り起こしていました。聞けば、病人に飲ませると効果があるとのこと。役小角が病人に試すと見事に効き、それ以来、薬草として知られるようになりました。

① 熊の胆

熊の胆嚢を干したもので、非常に苦くおもに胃薬として用いられる。

② 呪術者・役小角

呪術者は雨乞いなど社会の利益のために呪術を行う者。呪師ともいい、民間医療や病気の診断・治療をおもに行うものは呪医といった。役小角は呪術師のなかでも数多くの伝説が残る人物で、修験道の開祖とされる。

## № 70 ワレモコウ

Burnet blood wort, 吾亦紅

チユ、ダンゴバナ / *Sanguisorba officinalis* / バラ科 / 8月〜10月

### 紅色の美しさを自ら訴え、 花名を獲得

　茶褐色の花姿は、花弁はなく、苞と萼だけの小さな花が密集したもの。名前の由来は諸説ありますが、一説によるとその昔、人々が花の色が何色かを議論していたときに「吾も亦紅なり（私も美しい紅色の花の仲間だ）」と、花が自ら言ったことから、この名前がつけられたともいわれています。

　日本では各地の山野に自生し、昔から和歌などにも詠まれてきました。歌人たちに愛されてきた花で、小林一茶は「吾亦紅さし出して花のつもりかな」と詠み、秋の野に咲く花姿を愛でています。

　花が上から下の順に咲くことから「移ろい」という花ことばが生まれたとも伝えられています。根を乾燥させた生薬を「チユ（地楡）①」といい、止血や痰をとる効果があるといわれ、薬草としても利用されていました。

① チユ（地楡）

煎じた液は止血や下痢止め、火傷、皮膚炎の洗浄などに使われた。

# リンゴ　Apple, 林檎

セイヨウリンゴ / *Malus domestica* / バラ科 / 4月〜5月（花）　8月〜11月（実）

花ことば

〈花〉 名声、選ばれた恋
〈実〉 誘惑

## アダムとイブを誘惑した赤い果実

　秋から冬にかけて収穫時期を迎えるリンゴ。セイヨウリンゴの栽培品種が中央アジアから古代ヨーロッパへ伝播し、アメリカを経由して日本へ入ったとされています。春に咲く白や薄ピンク色の花は、リンゴの実と同じ香りがします。

　花ことばの「名声」は、息子の頭にのせたリンゴを見事に射抜いたスイスの英雄ウイリアム・テルの伝説からつけられました。実の花ことば「誘惑」は、有名なアダムとイブの話に由来します。旧約聖書で、神は、アダムとイブに楽園であるエデンの園に生える木の果実を、決して食べてはいけないと忠告しました。ところが二人は果実を食べてしまい、楽園を追放されてしまいました。このことから、近世のキリスト教世界において、リンゴは禁断の木の実と結びつけられ原罪のシンボルとなりました。

# ザクロ Pomegランate, 石榴

セキリュウ / Punica granatum / ミソハギ科 / 6月（花） 10月〜11月（実）

**花ことば**

優美
愚かしさ
子孫繁栄

## 種子がぎっしり！ 子孫繁栄の象徴に

　割れたザクロの種皮の中には、甘酸っぱい種子がぎっしり。ペルシャやインドを原産地とし、日本には中国を経て伝わりました。梅雨の季節に鮮やかな赤い花を咲かせ、見る人を惹きつける様子から、多くの男性のなかにただ一人女性がいる「紅一点①」の由来になりました。

　種子の多さから、ギリシャ神話やエジプト神話、旧約聖書に、子孫繁栄や豊穣の象徴として登場します。中国の伝説によると、昔、人間の赤ちゃんを食べる女鬼神がいて、お釈迦様は彼女をこらしめるために彼女の子どもを隠しました。探し回る彼女に「子を殺された母たちの涙を思わないのか」とさとすと、女鬼神は改心し、世の母と子たちの守護神となり、人肉が食べたくなったときは、味が似ているザクロを食べました。以後、女鬼神は多産と安産、子どもを守る鬼子母神となりました。

① 紅一点

王安石『詠柘榴（ざくろよむ）』の「万緑叢中紅一点」から。一面の緑のなかに一輪の紅色の花が咲いている意。

# ブドウ　Grape, 葡萄

ヨーロッパブドウ / *Vitis spp.* / ブドウ科 / 5月〜6月（花）　8月〜10月（実）

### 花ことば

信頼　陶酔　思いやり　好意

## キリストの「最後の晩餐」に描かれた

　5月から6月頃にかけて、小さな花が集まり白い房状の花姿を見せるブドウ。つぼみの時には花びらがありますが、雌しべと雄しべが姿を見せると花びらは落ちてしまいます。そして、雌しべの中の子房の壁が果肉と皮になります。食用のヤマブドウの仲間は北半球に約65種あります。ヨーロッパやアメリカを原産とする野生種から多くの栽培品種が作られました。

　ギリシャ神話では、酒の神ディオニソス①に捧げられ、キリスト教時代になるとヨーロッパではキリスト教の儀式、聖餐のシンボルとなりました。画家レオナルド・ダ・ヴィンチの代表作「最後の晩餐」の絵画にも、よく見るとブドウ酒が描かれています。

① 酒の神ディオニソス

ローマ名をバッカスといい、ワインの神様。ワインの原材料がブドウであるため、バッカスに捧げる果物となった。ディオニソスは海賊に襲われたときも酩酊していた。

# イチゴ Strawberry, 苺

オランダイチゴ / *Fragaria×ananassa* /
バラ科 / 3月〜5月（花） 4月〜5月（実）

## リンゴと同じく原罪のシンボル

　赤い宝石ともたとえられるイチゴは、聖ヨハネと聖母マリアに捧げられことから「尊重と愛情」という花ことばがあります。一方で、リンゴと同じく堕落と原罪のシンボルでもありました。オランダの画家ヒエロニムス・ボスの代表作のひとつ「悦楽の園①」には、悦楽にふける男女がイチゴを運ぶ姿や、巨大なイチゴの実にかぶりつく様子などが描かれています。

**花ことば**

尊重と愛情
幸福な家庭
先見の明
あなたは私を喜ばせる

① 悦楽の園

3枚からなる祭壇画で、それぞれにアダムとイヴが誕生した「楽園」、男女が快楽にふける「現世の楽園」、罪人が苦しんでいる「地獄」が描かれている。

# ブルーベリー Blueberry

ヌマスグリ / *Vaccinium* /
ツツジ科 / 3月〜4月（花） 6月〜9月（実）

## 豊富な収穫量で、暮しを豊かに

　スズランに似た白い花が4月頃に咲き、夏に緑色の実をつけ、秋にかけて青紫色に熟します。夏に果実をたくさん実らせ、暮らしに豊かさをもたらしてくれることから、「実りある人生」という花ことばがつけられました。北アメリカ原産で、改良などによって200〜300種もの品種があります。落葉樹ですが、落葉するのが遅いため、冬にかけて紅葉した葉を、年を越しても見ることができる地域もあります。

**花ことば**

実りある人生
知性
信頼
思いやり

# オミナエシ　Golden lace, 女郎花

オミナメシ、アワバナ　/　*Patrinia scabiosifolia*　/　オミナエシ科　/　8月〜10月

**花ことば**

美人
永久
忍耐
親切

## 女性的な雰囲気を醸し出す花姿

　茎の先に、透明感のある黄色い小さな花を多数つけるオミナエシ。秋の七草のひとつで、『万葉集』①にも詠まれています。同じ仲間のオトコエシ（男郎花）に対し、花姿が女性的で美しいことから「女郎花」という文字があてられたといわれています。ほかにも、小さな黄花が女性の食べ物とされていた栗飯に似ているため、女飯がなまったという説もあります。

　オミナエシにはこんな伝説があります。昔、京都の西の八幡に住む小野頼風という男に恋した女が、男を見かけなくなったのを悲しみ川に身を投げました。その時脱いだ衣からオミナエシが生えたそうです。秋風に揺れる美しい花姿から、「美人」という花ことばがついていますが、意外にも香りは悪臭です。

① 万葉集

14首でオミナエシが詠まれている。山上憶良（やまのうえのおくら）は万葉集でオミナエシを秋の七草のひとつに数えている。

# ススキ　Eulalia, 芒

オバナ、カヤ　/　*Miscanthus sinensis*　/　イネ科　/　8月〜10月

## すくすくと伸びる姿が名前の由来

　ふわふわとした羽毛状の穂が風に揺れる様子は、秋の風物詩のひとつ。ススキ野原を維持していくために、春に野焼きが行われますが、焼き払っても再び美しい野原になる生命力の強さから、花ことばの「活力」「精力」がつけられました。秋の七草でもあり、すくすくと立つ姿が名前の由来という説もあります。中秋の名月①にも団子やサトイモとともに飾られるススキは、お月見を終えたあと、庭やタバコ乾燥の小屋に挿す風習が残っています。いずれも豊作を祈念するためだそうです。

　冬には葉も枯れ、茎も折れた姿となりますが、「枯芒」と呼ばれ、枯れ姿ならではの趣が、歌に詠まれることもあります。

① 中秋の名月

旧暦8月15日の十五夜にお月見をする習慣。飾られるススキは神様が休憩し、魔除けの効果があるともいわれている。

# ヒガンバナ　Red spider lily, 彼岸花

マンジュシャゲ / *Lycoris radiata* / ヒガンバナ科 / 9月〜10月

**花ことば**

情熱　悲しき思い出　あなたに一途

## 鮮やかな美しい花には毒がある!?

　お彼岸の季節に、真っ赤な花を咲かせるヒガンバナ。別名の曼珠沙華は、サンスクリット語「manjusake」で「赤い花」、「葉より先に赤い花を咲かせる」という意味。球根には毒①があり、毒が死をイメージさせたり、赤い花色が血を連想させたりするので不吉な花とされてきました。そのイメージから、「死人花」「幽霊花」「地獄花」など様々な異名をもっています。

　また、その毒性が動物除けに使われたことから「狐の松明」、赤い花がこうこうと灯る提灯のように見えることから「提灯煌々」という呼び名もあります。

① 毒

ヒガンバナは猛毒がある。アルカロイドのリコリン系の成分で、食せば嘔吐、痙れん、呼吸困難により死に至る。

# フジバカマ Boneset, 藤袴

ユーパトリューム / *Eupatorium japonicum* /
キク科 / 10月〜11月

## ちょっと遅れ気味に咲く、 マイペースな花

奈良時代に中国から渡来したフジバカマは、1本の茎から、袴を広げたように藤色の小さな花を咲かせます。桜餅を思わせる甘い香りを放ち、中国では乾燥させたフジバカマを香草と呼びます。

花が少しずつ咲いていくので、花ことばの「遅れ」「延期」が生まれました。日本の原産種であるユウパトリウム・ヤポニクムは準絶滅危惧種に指定されています。

# ハギ Bush clover, 萩

シカナキグサ / *Lespedeza* / マメ科 / 7月〜10月

## 花見といえば、 ハギの花だった

細い枝に、紅紫色の花を咲かせるハギ。名前の由来は諸説ありますが、昔、ハギの枝が箒に使われたことから「掃き」が転じて「ハギ」になったという説があります。『万葉集』でもっとも多く詠まれた花で、「花見」といえばサクラを連想する人が多いと思いますが、『万葉集』では、花見という表現が使われているのは、ウメとハギです。

葉は家畜の飼料や、干したものが茶の代用品として使われています。

# 学名に残る花の伝説

　本書でも花の「学名」を記載していますが、「学名」とは、そもそもどんなものなのでしょうか。

　「学名」とは、国際的な命名規約にもとづくラテン語で表記される正式な生物名です。近縁の生物をまとめた親類を表す「属名」と、それぞれの個別の名前「種小名」による二名法というルールを用いて、斜体で表記します。植物の場合「.spp」の表記があれば「○○属の仲間たち」という意味で、「.cv（複数形は［cvs］）」は、園芸品種を指します。「.cv」とは、「cultive（耕すの意）」の略です。

　チューリップを例に学名を読み解いてみましょう。チューリップの学名は「Tulipa gesneriana L」で、「Tulipa」が属名、「gesneriana」が種小名になります。ちなみに「gesneriana」は、博物学者のコンラート・ゲスナーに由来しており、「L」は命名者である植物学者のカール・フォン・リンネの略称です。学名には、生息地や形などの特徴、学者や研究協力者にちなんだ名前が含まれることも多いのです。

　ツバキの学名「Camellia japonica」の「japonica」は生息地である日本、アンスリウム「Anthurium」は「尾のような花」という形、ほかにも、ヒヤシンス（p.44）やボタン（p.47）などのように、神話や伝説にちなんだ属名もあります。

　ここで、命名者のセンスのよさがうかがえる学名をひとつご紹介します。エアプランツとしてよく利用されるチランジア・カプトメデューサ（Tillandsia caput-medusae）の種小名は「caput-medusae」で、「caput」は「頭」、「medusae」はギリシャ神話の「メデューサ」を表しています。これは、この植物の葉が、髪の毛が蛇でできている怪物メデューサを連想するような姿をしているからです。

　一見、専門的で難しい用語に見える学名ですが、属名を調べると、学者たちの思いやエピソード、花の特徴などをもっと知ることができるかも。ぜひ注目してみてください。

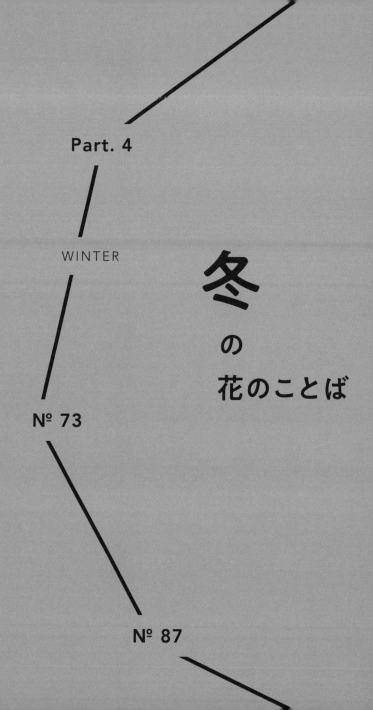

Part. 4

WINTER

冬 の 花のことば

# WINTER
# Calendar

冬は咲く花は少なく、花の行事はそう多くはありません。しかし、そんななかでも咲いていたり実をつける植物に、より強い思いや願いが込められる季節です。

12月
二十四節気では大雪と冬至にあたり、本格的な冬の始まりの季節。イルミネーションで街が彩られ、店頭にはポインセチアなど色の鮮やかな花を見かける機会が増える。

1月
二十四節気では小寒と大寒にあたり、1年でもっとも寒さが厳しい季節。各地で積雪がみられ始めるなか、無病息災を祈る七草粥は春の七草をふんだんに使うので正月明けの胃にぴったり。

2月
二十四節気では立春、雨水で、立春以降は暦の上では春になる。寒さが厳しいなか、暖かい風が少しずつ春を運んでくれる。チョコレートでおなじみのバレンタインデーには、花を贈る習慣のある国もある。

**太字**：本書での掲載花
㊀：二十四節気
㊏：七十二候

＊各種イベントは年ごとに誤差が生じるため、日付は毎年異なります。(2021年-2022年版)

# 12 December 〈 師走 〉

| | |
|---|---|
| 1 | |
| 2 | 橘始黄（たちばなはじめてきばむ）㊏ |
| 3 | |
| 4 | |
| 5 | |
| 6 | |
| 7 | 大雪 ㊀<br>閉塞成冬（そらさむくふゆとなる）㊏ |
| 8 | |
| 9 | |
| 10 | |
| 11 | |
| 12 | 熊蟄穴（くまあなにこもる）㊏ |
| 13 | |
| 14 | |
| 15 | |
| 16 | |
| 17 | 鱖魚群（さけのうおむらがる）㊏ |
| 18 | |
| 19 | |
| 20 | |
| 21 | |
| 22 | 冬至 ㊀<br>乃東生（なつかれくさしょうず）㊏ |
| 23 | |
| 24 | |
| 25 | クリスマス |

キリストの生誕のお祝い。クリスマスツリーは**モミノキ**をはじめとした常緑針葉樹を飾りつける。
キリストの血、生命力、純潔にそれぞれなぞらえた赤緑白のクリスマスカラーにちなんで、よく**ポインセチア**が飾られる。この時期に咲く**クリスマスローズ**も、キリストに捧げる花として伝わっている。

| | |
|---|---|
| 26 | 麋角解（さわしかのつのおつる）㊏ |
| 27 | |
| 28 | |
| 29 | |
| 30 | |
| 31 | 雪下出麦（ゆきわたりてむぎのびる）㊏ |

# 1 January 〈 睦月 〉
*むつき*

| | | |
|---|---|---|
| 1 | **ローズ祭** | アメリカのお正月はローズパレードではじまる。数十万本のバラで飾られた60台もの山車がパレードをする。 |
| 2 | | |
| 3 | | |
| 4 | | |
| 5 | 小寒 ☺<br>芹乃栄（せりすなわちさかう）⊕ | |
| 6 | | |
| 7 | 七草粥（日本） | お粥を食べながら無病息災を祈るもの。春の七草（せりなずなごぎょうはこべらほとけのざすずなすずしろ）には、ほかの四季の七草よりも早く芽吹き邪気を払うとされている。 |
| 8 | | |
| 9 | | |
| 10 | 水泉動（しみずあたたかをふくむ）⊕ | |
| 11 | | |
| 12 | | |
| 13 | | |
| 14 | | |
| 15 | 雉始雊（きじはじめてなく）⊕ | |
| 16 | | |
| 17 | | |
| 18 | | |
| 19 | | |
| 20 | 大寒 ☺<br>款冬華（ふきのはなさく）⊕ | |
| 21 | | |
| 22 | | |
| 23 | | |
| 24 | | |
| 25 | 水沢腹堅（さわみずこおりつめる）⊕ | |
| 26 | | |
| 27 | | |
| 28 | | |
| 29 | | |
| 30 | 鶏始乳（にわとりはじめてとやにつく）⊕ | |
| 31 | | |

# 2 February 〈 如月 〉
*きさらぎ*

| | | |
|---|---|---|
| 1 | ニースのカーニバル | フランス・ニースのマセナ広場や海岸に沿ったプロムナード・デ・ザングレでは春の花で飾られた美しい山車のパレードが行われる。山車の美女から投げられる花々を人々は家へ持ち帰り飾る。 |
| 2 | 聖燭祭 | キリスト教の祝日。イエス・キリストと聖母マリアがナザレのヨセフに連れられてエルサレムの神殿を訪れた出来事を祝う。この日に聖母マリアにスノードロップを捧げる風習がある。 |
| 3 | | |
| 4 | 立春 ☺<br>東風解凍（はるかぜこおりをとく）⊕ | |
| 5 | | |
| 6 | | |
| 7 | | |
| 8 | | |
| 9 | 黄鴬睍睆（うぐいすなく）⊕ | |
| 10 | | |
| 11 | | |
| 12 | | |
| 13 | | |
| 14 | バレンタインデー<br>魚上氷（うおこおりをいずる）⊕ | 日本ではバレンタインデーに「女性が男性にチョコレートで愛を伝える日」とされ久しいが、世界では男女が愛や感謝を伝える日。欧米では、メッセージカードと男性から女性に花（おもに赤いバラ）を贈る。近隣のアジア諸国でも大切な人に花を贈る日として定番。世界でいちばん花を贈る日。 |
| 15 | | |
| 16 | | |
| 17 | | |
| 18 | | |
| 19 | 雨水 ☺<br>土脉潤起（つちのしょううるおいおこる）⊕ | |
| 20 | | |
| 21 | | |
| 22 | | |
| 23 | | |
| 24 | 霞始靆（かすみはじめてたなびく）⊕ | |
| 25 | | |
| 26 | | |
| 27 | | |
| 28 | | |
| 29 | | |

# ウメ

**Japanese apricot, 梅**

ハルツゲグサ / *Prunus mume* / バラ科 / 2月〜3月

花ことば

忠実
上品

## 見るものを魅了した、雪のように白い花

　まだ肌寒い空気のなか、可憐な花を咲かせて春の訪れを感じさせてくれるウメ。バラ科の落葉高木で、一輪咲きや八重咲き、色は白や紅色など、300種以上の品種があります。原産地は中国で、日本には奈良時代に渡来しました。『万葉集』に119首も詠まれるなど、日本では古くから秋のハギに次ぐ人気の花です。当時はまだ珍しく上流階級の人しか観賞できませんでしたが、雪を思わせる白梅の白さに人々は魅了されました。

　語源は中国のウメの発音「メ・メイ」にもとづくとされていますが、ウメの木が伝わる以前に、薬用の烏梅①がウメの名で日本にもたらされたことを由来とする説もあります。『万葉集』には、ウメを「烏梅」と表記している歌もあります。烏梅は、漢方では鎮咳、去痰、解熱、止血、駆虫などに効果があるとされ、古くから利用されていました。

① 烏梅

熟すまえの梅の実をいぶして黒くしたもの。薬として中国より伝わった。烏のカラスは、いぶして黒くなった色にちなんだ名である。

## 菅原道真との別れを悲しみ、
## 空を飛んで会いに行った

　ウメが登場する伝説として有名なのが、『太平記』に記された菅原道真の「飛び梅」です。平安前期の学者で政治家でもあった菅原道真は、ウメの花を愛し、屋敷には都屈指の梅園をつくったほどでした。ひときわ目立つ美しい紅梅があったことから、「紅梅殿」と呼ばれていました。しかし、政敵の策略により九州大宰府に流されることになり、道真は愛するウメの木と別れることになります。動けるはずのない草木ですが、道真の悲しみ②が通じたのか、ウメの枝が彼を想って大宰府まで飛んでいったと伝えられています。

　中国語で、「梅」は「妹」と同音であることや、葉よりも先に芽が出て、果樹のなかで先駆けて花をつけることから、東アジア地域では、清純な少女や娘を表す象徴として親しまれています。一方、「花の兄」とも呼ばれ、ウメが咲けば春の訪れを感じさせてくれることから「春告草」とも呼ばれています。

② 道真の悲しみ

ウメとの別れをおしみ、「こち吹かば匂ひ起こせよ梅の花　あるじなしとて春を忘るな」と歌を詠んだ。

> 花を贈る

## 梅林で、思いを寄せる男性に投げて愛情を示す

　春の訪れを教えてくれるウメには清らかな印象が強いですが、中国でウメに関する伝承を探っていくと、土俗的で呪術的な背景が潜んでいます。

　中国最古の詩歌集『詩経』に収められた古代歌謡「摽有梅〈ひょうゆうばい〉」には、「摽げる（落ちる）ウメあり、その実は七つ」とあります。これは、結婚適齢期が過ぎようとするのを嘆いた女性が、ウメの木から少しずつウメの実が落ちて少なくなっている様子を我が身になぞり、男に早く求婚してほしいと誘っている歌だと解釈されてきました。ところが、中国近代の詩人で古典学者の聞一多は、これは古代、適齢期の若者たちがウメの実の熟す頃、男女に分かれて梅林に並んで、女性が思いを寄せる男性にウメの実を投げて愛情を表現した「摘果」の習俗を詠ったものだと考えました。男女の愛情を伝えるときは、ウメの実だけでなく花も使われ、男女の仲を取り持つ力があるとされていました。

> 花のrecipe

## 愛らしさをつくり出す、化粧道具のひとつ
### FACE PAINT & STICH

　また、南朝　宋を統　しした武帝①の娘の寿陽が庭を歩いていると、額にウメの花がつきました。それが、ほんのりと愛らしさをつくり出していると知り、頬などにウメの花びらを化粧で描く「梅花粧」が流行ったそうです。

　また、蘇州地方では、少女たちが梅の花を刺繍した靴をはき、お守りとする習慣もありました。

① 武帝

中国の南朝宋の初代皇帝の武帝で、名は劉裕。

# 湯島天満宮の梅祭り

## 学問の神様が愛したウメの花が一斉に開花

　東京都文京区湯島にある湯島天満宮の境内には、20品種、約300本のウメの木があり、江戸時代から梅の名所として有名です。毎年、2月中旬から下旬のウメの開花に合わせて「梅祭り」が開催され、約40万人もの人が訪れます。日本舞踊や、天神太鼓、白梅太鼓、奉納演芸なども行われ、東京の新春行事として親しまれています。

　湯島天満宮がウメの名所になったのは、祭神である菅原道真が、「飛び梅」の伝説（p.156）が残るほどウメを愛していたからです。わずか5歳にして「うつくしや　紅の色なる　梅の花　阿呼が顔にも　つけたくぞある」と詠むなど、ウメにまつわる話が多く残っています。また、菅原道真は、学問の神様としても崇められています。季節を問わず、全国各地から多くの受験生が願掛けに訪れますが、受験シーズンとも重なる梅祭りには、これから入試に臨む学生や、早期合格しお礼参りにやってくる学生たちで、さらなるにぎわいをみせています。

　境内をよく見てみると、鎧戸や提灯などに、ウメの花を象った家紋「梅鉢紋（うめばち）」が使われていることに気づくはずです。この梅鉢紋は、「加賀梅鉢」と呼ばれるもので、これは加賀の前田候が大の菅公ファンで、家系を菅原姓に結び付け家紋を梅鉢としたためだといわれています。

　ながきに渡り、ウメを重んじていた湯島天満宮。ウメの花の香りに包まれながら梅祭りを楽しみたいですね。

# エリカ

**Heath**

ヒース、ヘザー / *Erica* / ツツジ科 / 11月〜4月

## 花は小さく可憐だが、根は岩を割るほど堅い

　無数に分かれた枝に小さな花を密集して咲かせるエリカ。ツツジの仲間で、エリカ属には500以上もの種があり、多くは南アフリカに自生していて、切り花として市場に出ているのは、この南アフリカ原産のジャノメエリカです。4〜5種はイギリスに自生し、イギリスではエリカの生える原野のことを「ヒース」や「ヘザー」と呼び、イギリス原野の原風景①として小説などにも描かれています。

　女性の名前のエリカは、エリカ愛好家が、お気に入りの花から自分の娘に名前をつけたというほかに、古代北方民族の言語で「不滅の王」を意味する「Eric」や「Eirik」という言葉の女性形がエリカだったことがきっかけだと考えられます。小さく可憐な花姿ですが、意外にも、一部の種類の根は岩を割るほど堅く、花名もギリシャ語の「破る」に由来しています。

① イギリス原野の
　原風景

エミリー・ブロンテの長編小説『嵐が丘』など。

№ 75 # ガーベラ

Gerbera

アフリカセンボンヤリ / *Gerbera* / キク科 / 10月〜11月

花ことば

希望
崇高な美

## 金の採掘場に咲いた大輪の花

　まるで大きなタンポポのような姿をしたガーベラ。タンポポの仲間でもある南アフリカの野生種が、おもにヨーロッパで品種改良され現在2000種以上にも増え世界中で愛されています。日本には明治末期に渡来し、「花車」「花千本槍」と呼ばれていました。

　現在流通している多くのガーベラの原種は、1878年に、世界有数の鉱石の産地である南アフリカのバーバートンの鉱山で、当時のイギリス領ナタール州の議員フォン・R・ジェームソン（ヤムソン）が花を採集したことから「ゲルベラ・ヤメソニィ①」という学名がつけられました。ジェームソンが採集した鉱山は、当時、金の採掘が盛んだった場所。採集の翌年に戦争が起きているため、もしこの戦争が1年早ければ、彼が原種のガーベラを発見することはなく、記念の名は残らなかったかもしれません。

① ゲルベラ・ヤメソニィ

学名*Gerbera jamesonii*の前半、属名のGerberaは、ガーベラ属の仲間をはじめて発見したとされるドイツの学者ゲルベルに由来している。

# クリスマスローズ

**Christmas rose**

レンテンローズ、カンシャクヤク / *Helleborus* / キンポウゲ科 / 1月〜4月

## 乳児キリストに捧げられた花

　その名のとおりクリスマスの時期に開花するクリスマスローズ。日本ではヘレボルス属のものを総じてクリスマスローズと呼びますが、本来はヘルボルス・ニゲルを指します。原種①は20種類以上あり、花色や形もバラエティに富んでいます。

　西洋の伝説②によると、一人の羊飼いの少女が乳児キリストに花を捧げようとしましたが、厳しい冬だったため花が見つかりませんでした。すると天使が通りかかり、雪の下から顔をのぞかせている花の存在を教えてくれました。その花がクリスマスローズでした。

　純粋な白さと開花の時期から、純潔の象徴としても扱われますが、全草が有毒です。とくに黒い根は食べれば死に至るほどの猛毒。そのため、人に憑いた悪霊を取り除くとの西洋の言い伝えから「慰め」という花ことばがついています。

① 原種

ヨーロッパからトルコ、シリア、ジョージアを主に、ヘレボルス・チベタヌスが中国の一部の地域に分布している。イギリスへはローマ人により導入された。

② 西洋の伝説

クリスマスローズは、キリスト生誕の地ベツレヘム周辺には自生していないため、後世の創作か、別の伝承が変化して伝わった可能性が高い。

№ 77 # クロッカス

Crocus

—— / *Crocus* / アヤメ科 / 2月〜4月（サフランは10月〜11月）

花ことば

〈クロッカス〉
青春の喜び　切望
不幸な恋
〈サフラン〉
歓喜　過度をつつしめ
濫用するな

## 真っ先に咲き、恋の季節の訪れを知らせる

　地上すれすれに花を咲かせるクロッカスは、地中海と小アジアがふるさと。クロッカスは総称で、70種あまりの野生種と多数の園芸品種が含まれています。花名は、ギリシャの青年クロクスに由来します。美貌の持ち主だった彼は、ニンフのスミラクスを虜にしますが、スミラクスの愛に応じず冷たい態度でした。女神アプロディーテはそれを悲しみ、彼をクロッカスの花に変えてしまいました。クロッカスが愛の物語に登場するのは、恋の季節である春を一番に告げる花だからと考えられています。春咲きのものをクロッカス、秋咲きのものをサフラン①と呼びます。

　地中海のクレタ文明の頃、サフランが登場すると、クロッカスの栽培も始まりました。サフランのオレンジ色の柱頭は乾かして、香料や調味料、染料としても利用されています。

① サフラン

花の雌しべを水に漬けると色が出てくるので、色付け用のハーブとして料理やお菓子作りに利用されている。

# シクラメン

Cyclamen

カガリビソウ / *Cyclamen persicum* / サクラソウ科 / 10月〜3月

**花ことば**

遠慮（白）
清純（ピンク）
内気
嫉妬（赤）

## 炎のような姿でも、 控えめな性格

　茎の先に紅色の大ぶりの花をつけ、寄り集まって咲く様子はまるでゆらめく炎のよう。地中海沿岸を中心とするヨーロッパ、アフリカ、小アジアが原産地で野生種は約17種類。花が咲いたあとに、茎が螺旋状に回転したような形になることから、ギリシャ語で円を意味する言葉「kiklo」をもとにした学名がつけられ、そこからシクラメンと呼ばれるようになりました。

　花ことばの「遠慮」は、シクラメンの控えめな性格を表した話に由来します。その昔、ソロモン王①が王冠に花のモチーフをあしらおうと色々な花に相談したところ、唯一承諾してくれたシクラメンが、お礼を言う王に照れて下を向いたといわれています。

　もともと薬草として利用され、1世紀頃、本草書『薬草誌』に「シクラメンの塊茎は通経の薬だが、妊婦がまたぐと流産する」と書かれています。

① ソロモン王

イスラエル王国第3代の王。在位は紀元前961年頃〜紀元前922年頃。通商を振興し経済を発展させたが、国民は重税に苦しみ、死後、国土は分裂した。

<sup>№</sup> 79 **スイセン**

Narcissus, 水仙

セッチュウカ、ガカク / Narcissus / ヒガンバナ科 / 2月〜4月

## 恋をしたのは美しい自分の姿だった

　まだ寒い冬の終わり頃に咲き、甘い香りを漂わせるスイセン。白い花の中央に、黄色い盃のような副冠が鮮やかに映えます。原産地は地中海沿岸で、ギリシャ神話にはスイセンにまつわる神話が残っています。美少年ナルキッソス①は、森の泉で美しい人に恋をしました。しかし、その人はまったく振り向いてくれず、ある日抱きしめようと身をのり出すと、泉に落ちて死んでしまいます。死後、泉のほとりにスイセンの花が生まれました。恋をしていたのは、泉に映った自分の姿だったのです。この神話から、ナルキッソスが学名になり、自己陶酔する彼の姿にちなんで、花ことばの「自惚れ」「エゴイズム」が生まれました。

　日本では、新春のいけばなに欠かせない花です。淡路島の灘水仙郷、越前海岸、伊豆爪木崎などの群生地には、美しいスイセン畑が広がっています。

① ナルキッソス

本項で紹介しているもの以外にも、自分の姿に見惚れ続けて衰弱死した説や、泉に映った像に死んだ双子の妹を重ねて見惚れた説など、彼とスイセンの異なる伝説がある。

# スノードロップ

**Snowdrop**

ガランサス、マツユキソウ / *Galanthus* / ヒガンバナ科 / 2月〜3月

花ことば

希望
慰め

## 雪よりも白い花は希望の象徴

　クロッカスとともに、春一番に咲くスノードロップ。雪が残っていても花茎をのばし、下向きの白い花を一輪ずつ咲かせる姿は、まさに雪のしずくのようです。

　キリスト教の伝説によると、アダムとイブがエデンの庭から追放されたとき、雪が降り続き、イブは永遠に続くかと思われる冬に絶望し泣いていました。すると、ある天使がイブを勇気づけるために、雪に触れて春の兆しを思わすスノードロップの花に変えたと伝えられています。そこから、「希望」という花ことばが生まれました。

　日本でスノードロップとして流通しているのは、ほとんどがほかの品種に比べて全体的に大型のガランツス・エルウィジー①で、「ジャイアントスノードロップ」と呼ばれています。

① ガランツス・エルウィジー

ほかのガランツス属の植物と比べて球根が比較的乾燥に強い。ガランツス・エルウィジーの花は、筒状に重なり合った内側の花弁の先端から付け根にかけて、連なった緑色の模様があり、葉の付け根が反対側の葉の付け根を包み込むことも特徴。

## 聖母マリアに捧げられた神聖な花

　属名の「Galanthus（ガランツス）」は、ギリシャ語の「gala（乳）」と「anthus（花）」の合成語で、白い花を表しています。また、スノードロップは直訳の「雪片」が語源ではなく、雪の「イヤードロップ（耳飾り）」に由来しているという説もあります。

　聖母マリアが赤子のイエスをエルサレムの神殿に連れて行ったときに初めて現れた花とも伝えられていて、その日にあたる 2 月 2 日②は、スノードロップが聖母マリアに捧げられた神聖な日とされています。この日、マリアを祀る教会はスノードロップで飾られ、少女たちがこれらの花で作った花輪を持って教会に行く風習も生まれました。

② 2 月 2 日

聖燭祭と呼ばれる祝日。キリストがエルサレムの神殿に連れてこられた際の出来事を祝う。民間では、ヨーロッパに古くからあった立春の祭と習合した風習がみられる。

# ツバキ

**Camellia, 椿**

ヤブツバキ / *Camelia japonica* / ツバキ科 / 12月〜4月

## 西洋で人気を博した 「日本のバラ」

　イタリアやフランスで盛んに栽培され、西欧では、かつて「日本のバラ①」と称えられたツバキ。濃い緑色の葉に真っ赤な花をつけ、非の打ちどころのない華麗な姿から「完全な愛」、また、目立つ外見のわりに匂いのないところから「控えめな優しさ」という花ことばがつけられています。

　ツバキの誕生を伝えるインドの伝説が残っています。516年頃、インドのダルマ大師が布教のために中国を訪れました。ダルマは、祈りと断食で疲れ果て瞑想中に眠ってしまい、己の弱さを罰するために、眉毛を切り取り地面に投げつけました。すると、その眉毛から根が伸び、芽が出て、最初の茶の木になりました。葉を煎じて飲むと心が強くなり、精神に刺激を与えると伝えられています。茶とツバキは近縁種で、この木がツバキのもとだといわれています。

① 日本のバラ

日本に広く分布するヤブツバキや日本海側の地域を中心に分布するユキツバキなどをもとにした園芸品種が数多く生まれた。

## 江戸時代、 日本にもツバキブームが到来

　日本では、縄文時代にすでにツバキの使用が見られます。福井県の鳥浜貝塚から、5000年前のツバキの材②で作られた石斧の柄や竪櫛（たてぐし）が出土していて、いまも、遺跡近くにはヤブツバキが生えているといいます。

　花名は、つやのある分厚い葉であることから「艶葉木（つやばき）」「厚葉木（あつばき）」が転じてつけられたといわれています。『古事記』では、任徳天皇や雄略天皇を称え、「ゆつ真（ま）つばき」と形容します。「ゆつ」とは、神聖な意味で、常緑の幅広い照葉に永遠の栄光を重ねました。ところが、花首からぽとりと花が落ちる姿が怖がられたのか、平安、鎌倉時代は人々にあまり好かれませんでした。江戸時代になって、ようやく人気に火がつき、1630年には日本最古の花の図鑑であり、ツバキの図鑑となった『百椿集』が発行されました。

　中国では「椿」と書くとまったく別種の「香椿」をいいます。日本のツバキを指すときは「山茶」と表記します。

② ツバキの材

ツバキの木は堅く、弾力もあるため、古くからツゲと同様に櫛の歯や斧の柄、印鑑などに使われた。一部の地域ではツバキを「カタシ」と呼んでいた。

# ナナカマド

**Rowan, 七竈**

ライデンボク / *Sorbus commixta* /
バラ科 / 5月〜7月（花） 10月〜12月（紅葉・実）

## 長寿をもたらす赤い実

　初夏、枝先に白い小さな花を咲かせ、秋になると小豆ほどの真っ赤な丸い実をつけます。名前は、「七度かまどに入れても燃え残るほど燃えにくい木」という特性からつけられたといわれています。そこから、「慎重」「安全」という花ことばが生まれました。

　赤い実は生命の色、炎の色とされ、ケルト神話①の炎の女神であり、魔女の女神でもあるブリギットに捧げる聖なる木とされています。ブリギットは、女性や子ども、生まれたばかりの動物を守るため、ナナカマドでできた燃える矢を携え、猛獣と戦う女神です。

　アイルランドの伝説では、1匹の竜によって守られているナナカマドの木があり、その赤い実は9回分の食事に相当するほどの栄養があり、傷ついた者を癒し長寿をもたらしてくれたといわれています。

① ケルト神話
西洋古代に活躍したケルト人（インド・ヨーロッパ語族の一分派）が伝える神話。

№ 83 # ハボタン

Flowering kale, 葉牡丹

*ハナキャベツ / Brassica oleracea / アブラナ科 / 11月〜3月*

※※※※※※※※※※※※
**花ことば**
祝福
愛を包む
物事に動じない
利益
※※※※※※※※※※※※

## 野菜として渡来したキャベツの仲間

　葉が何重にも重なり、ボタンの花のような姿をした
ハボタン。キャベツの変種で、江戸時代にオランダか
ら渡来した際は、野菜として栽培されていました。秋
に種を蒔くと、お正月頃に見頃を迎えることから門
松①に添えられ、紅白の色合いもめでたいので、「祝
福」という花ことばがついています。

　現在、ハボタンには４系統あり、もっとも多いのは
江戸時代からある東京丸葉系。名古屋ちりめん系、大
阪丸葉と続き、新しいのが、さんご系で、タキイ種苗
がロシア産のケールとの間に育成した一代雑種です。

　東京丸葉系は、貝原益軒が『大和本草』でオランダ
ナ（別名サンネンナ）として取り上げた野菜が祖先と
考えられています。「味よし」と書かれているので、
野菜であったことは間違いないでしょう。

① 門松

葉が色付き、耐寒性があ
るため、門松に使われる
ほか、花の少ない厳寒期
に公園などで寄せ植えな
どに用いられることも。

ポインセチア

Poinsettia

ショウジョウボク / *Euphorbia pulcherrima* / トウダイグサ科 / 11月〜1月

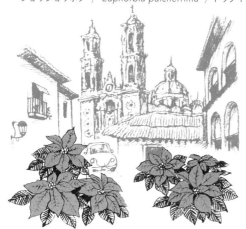

## 米国初代メキシコ大使の名前が花名に

　<u>赤い色をした①</u>ポインセチアはクリスマスに欠かせない花。赤い花弁に見えるのは、花を守る苞です。

　クリスマスの時期に見頃を迎えますが、原産地はメキシコなどの中米で熱帯性の花木です。クリスマスとの関係は、17世紀にメキシコのタスコ付近に住み着いたフランシスコ修道会の僧たちが、ポインセチアの色と花が咲く時期から「赤は清純なキリストの血」「緑は農作物の生長」を表していると考え、誕生祭の行列に用いるようになったのがはじまりです。

　アメリカの初代メキシコ大使を務めたジョエル・ロバーツ・ポインセットが、大使を解任されてアメリカに戻る際、メキシコで「ノチェブエナ」と呼ばれていたポインセチアを持ち帰ると、彼の名前の「ポインセット」から、ポインセチアと名付けられました。別名のショウジョウボク（猩々木）は、赤い顔の猿に似た伝説の動物「猩々」に由来します。

① 赤い色をした

ポインセチアは花が小さいので、虫たちを呼び寄せるために苞（つぼみを包むように葉が変形した部分）を赤くしている。

№ 85

# モモ

**Hana peach, 桃**

—— / *Prunus persica* / バラ科 / 2月〜4月

## 中国で珍重された神聖な花

花も果実も人気のモモ。たくさんの実がなることから「百」が果実の名前になったという説や、実が赤いので「燃実」が転じたともいわれます。

原産地は中国で、不老不死を与え、邪気を払う神聖な力があると信じられてきました。日本にもその思想が伝わり、『古事記』には、伊弉諾尊①が黄泉の国から逃げるときに、モモの実を投げつけて鬼を退散させたという話が残っています。

また、3月3日は「桃の節句」や「ひな祭り」と呼ばれ、モモの花を添えて子ども（おもに女の子）の無病息災と多幸を祈る風習があります。

女子のシンボルであることから花ことばは「気だてのよさ」。魔除けの木ともいわれていて「天下無敵」という花ことばもあります。

① 伊弉諾尊

配偶神の伊弉冉尊（いざなみのみこと）とともに、高天原から降り、日本の国土と神々を生んだ神様。

# ラン

**Orchid, 蘭**

*タイジョカ / Orchidaceae / ラン科 / 花期は種類により様々*

## 現在も進化し続ける未知の花

　地上でもっとも進化した植物といわれるラン。ラン科の植物すべてを指し、その数は約2万5000種。今なお新種が発見され、未知の可能性を秘めています。日本には、約90属300種のランが自生しています。

　ギリシャ神話によると①、花の由来はニンフとリチュロスの神話に描かれています。オルキスは、二人の間にできた子どもで、バッカスの祝祭②の席で、酒に酔って一人の女司祭に挑みかかったところ、周囲の人たちにバラバラに引き裂かれてしまいました。オルキスの父親は神々にもとの姿に戻してほしいと頼みましたが拒まれてしまいます。でも、バラバラにしたことは行き過ぎだったとして、神は、死体をオルキスという名を冠する花に変えたのです。

① ギリシャ神話によると

ギリシャ神話に登場するランは地中海原産のもので、イタリア原産のオルキスイタリカの近縁種だと考えられている。

② バッカスの祝祭

お酒の神様バッカスを祭る豊穣を司る祝祭。

ラン科の花

● **カトレア** Cattleya

　中央・南アフリカを中心に約70種が分布し、ラン科の花のなかでもひときわ大輪で華麗なことから、「ランの女王」と呼ばれています。花ことばは、その美しさから「魅惑的」「優美」とつけられました。

● **パフィオペディルム** Paphiopedilum

　インドの伝説によると、王女ナディアーナと若い庭師サンクトは恋人同士で、王女が許されない恋を嘆いていました。すると、老聖人に姿を変えて各地をめぐっていたウィシュヌ神が現れて援助を約束。サンクトにヒマラヤで咲く不思議なランを献上すれば恋は叶うだろうと言ったため、若者は深山に分け入っていきました。そして見つけたのがパフィオペディルムです。また、病で伏せった王女を、献上されたこの花が救い、二人の結婚が認められたとも伝えられています。「変わりやすい愛情」「官能的」「気まぐれ」という花ことばがついています。

● **コチョウラン** Phalaenopsis

　蝶が舞うような姿をしたコチョウラン。その清楚な花姿から、花ことばは「純粋な愛」です。学名「Phalaenopsis aphrodite」の「Phalaenopsis」は蛾、「aphrodite」はギリシャ神話に出てくる女神の名前。よって、胡蝶蘭の学名は、「蛾のような愛と美と性の女神」という意味になります。

# マツ　Pine, 松

—— / *Pinus* / マツ科

## 切り倒すと大蛇に襲われる

　お正月の門松などに用いられるマツ。語源は、その下で神を「待つ」ことから生じたという説があります。常緑のマツには長寿や繁栄の意味もあり、新年を祝う植物にぴったりです。

　日本においてマツの木が大切にされてきたことが分かる伝説が残っています。その昔、北信州中野市の郊外にある山の頂上に、お椀にご飯を盛ったように、こんもりと茂った老松がありました。草津に湯治に来た源頼朝はこの松に「飯盛松」と名付けました。あるお爺さんが、この飯盛松を切り倒そうとすると木の傷口から血が溢れ出し、大雷雨となりました。さらに、幹をつたって大蛇が襲ってきたため、お爺さんは斧を捨て逃げ帰ったと伝えられています。

　また、このマツの葉を釜に入れると、何十人分のご飯でも炊くのに失敗しないという言い伝えもあります。

# ヤドリギ　Mistletoe, 宿木

セキリュウ　/　*Vicum album subsp. coloratum*　/　ビャクダン科　/　2月〜4月（実）

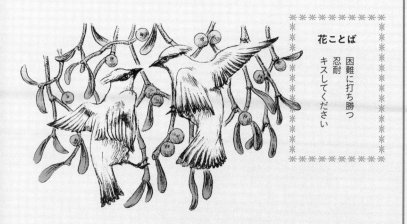

**花ことば**

困難に打ち勝つ
忍耐
キスしてください

## クリスマスはヤドリギの下でキスを

　宿木（やどりぎ）の名のとおり、ほかの樹木の枝に宿るように付着し、養分をもらって育つ半寄生の常緑植物です。ヤドリギが付着する木はたいてい高い木で、都心ではエノキやケヤキ、ムクノキなど。『万葉集』では「保与（ほよ）（寄生）」の名前で出てきますが、これは古名の「ホヤ」が転訛したものだといわれています。長寿を祈願する歌に登場するのは、ヤドリギが冬の寒さに耐え青々と茂ることから、生命の木として崇拝されていたからと考えられます。

　常緑のヤドリギは、ヨーロッパでも木の復活と考えて神聖なものとされています。赤い太陽を女性、実をつけるヤドリギを男性と見立て、冬至は男女が集まって愛を交わす日でもありました。これらの復活の儀式は形を変えクリスマスに吸収されて「クリスマスイブにはヤドリギの下にいる女性ならキスが許される」という習慣が生まれ、花ことばも生まれました。

## モミ　Momi fir, 樅

モムノキ、サナギ　/　*Abies firma*　/　マツ科

### もともとはクリスマスに無関係の木

　クリスマスツリーといえば、モミの木を思い浮かべる人も多いでしょう。ところが、キリスト教が生まれたパレスチナにはモミの木は分布していませんでした。現在の風習が生まれたのは、キリスト教がヨーロッパに広く受け入れられる中世以前のこと。ゲルマン人は　モミの一種ドイツトウヒの枝を冬至の頃に切り、部屋の中に挿したり、天井から下げ吊るしたりしていました。冬でも落葉しない緑のモミから、その生命力を授かろうしたのです。これがクリスマスツリーの原型といわれ、本来キリスト教では樹木崇拝を邪教としていましたが、異教徒を取り込むためにこの風習を受け入れたのです。また、フィンランドではモミには小鬼が住むと信じられ、これがサンタクロースに変化したといわれています。

# ヒイラギ　Chinese-holly, 柊

オニノメツキ / *Osmanthus heterophyllus* / モクセイ科 / 11月〜12月（花）

※※※※※※※※※

**花ことば**

保護　先見の明　用心深さ

※※※※※※※※※

## トゲは鬼払い、 燃焼音は虫払いに効果的

　節分の日に、鬼払いの意を込めて玄関に飾るヒイラギ。ギザギザした葉は触ると痛いため「ひひらく（ひりひり痛む）」から名前がつき、初冬に花開く木なので「柊」の和字があてられました。「用心深さ」の花ことばは、トゲがあるため、むやみに近づいたり触ったりできないことに由来しています。

　昔、農村では田畑の作業を始める前の立春の頃に、虫よけのおまじないを行っていました。ヒイラギは葉の表皮が堅く、熱すると爆裂し音で虫を脅すことができます。節分の日にヒイラギを飾るのは、鬼が嫌がるトゲがあるからだけでなく、音で相手を追い払うという、虫払いの儀式も影響していると考えられます。

　イギリスでは愛と希望の象徴の木として、クリスマスには暖炉やかまどにヒイラギを飾り、家族を祝福する精霊を迎える文化があります。節分に使われるヒイラギはモクセイ科の常緑樹で、セイヨウヒイラギはモチノキ科の常緑樹。同じヒイラギという名前でもまったく異なる種類の樹木です。

180

INDEX　　　　　　　　page.

INDEX　　　　page.　　　　　　　　　　page.

## 文 献 資 料

『花と日本人　花の不思議と生きる知恵』中野進　化伝社

『季節を知らせる花』白井明大　山川出版社

『365日で味わう　美しい季語の花』金子兜太監修　誠文堂新光社

『花おりおり』1巻〜5巻　湯浅浩史　朝日新聞社

『万葉の花』片岡寧豊　青幻舎

『花の神話と伝説』C.M.スキナー著　垂水雄二・福屋正修訳　八坂書房

『花と果実の美術館　名画の中の植物』小林頼子　八坂書房

『花ことば　起源と歴史を探る』樋口康夫　八坂書房

『花言葉・花事典　知る/飾る/贈る』フルール・フルール編　池田書店

『花の名物語100』ダイアナ・ウェルズ著　矢川澄子訳　大修館書店

『POINT図鑑　伝説の花たち　物語とその背景』石井由紀　山と溪谷社

『花精伝説』L.ディーズ著　吉富久夫訳　八坂書房

『花の西洋史事典』アリス・M・コーツ著　白幡洋三郎・白幡節子訳　八坂書房

『鉢植えでも楽しめる 物語と伝説の植物　四〇種の栽培ガイド』榛原昭矢　新紀元社

『花とギリシア神話』白幡節子　八坂書房

『西洋中世ハーブ事典』マーガレット・B・フリーマン著　遠山茂樹訳　八坂書房

『花の履歴書』湯浅浩史著　講談社

『日本人なら知っておきたい花48選　花の履歴書』江尻光一　いきいき

『世界の花と草木の民話』日本民話の会・外国民話研究会編　三弥井書店

『花が時をつなぐ フローラルアートの文化誌』川崎景介　講談社

『中国の愛の花ことば』中村公一　草思社

『中国シンボル・イメージ図典』王敏・梅本重一編　東京堂出版

『聖書の植物事典』H&A・モルデンケ著　奥山裕昭訳　八坂書房

『最新の切り花―飾る・贈る・楽しむ（花づくり園芸図鑑シリーズ）』浜田豊監修　小学館

『神話と伝説にみる花のシンボル事典』杉原梨江子　説話社

『花言葉「花図鑑」』夏梅陸夫監修　大泉書店

『花の名前 花ことば・花データ・由来がわかる』浜田豊　日東書院

『美しい花言葉・花図鑑ー彩りと物語を楽しむー』二宮考嗣　ナツメ社

『植物ごよみ』湯浅浩史　朝日新聞社

『日本人なら知っておきたい四季の植物』湯浅浩史　筑摩書房

『おいしい花―花の野菜・花の薬・花の酒-』吉田よし子　八坂書房

『ナチュラルガーデン樹木図鑑』正木覚　講談社

『植物と行事―その由来を推理する―』湯浅浩史　朝日新聞出版社

『イラストでわかる 日本の伝統行事・行事食』坂本廣子著　谷田貝公昭監修　合同出版

『花の七十二候 ニッポンの季節と暮らしを彩る花の文化史』環境デザイン研究所編　誠文堂新光社

『色でひける花の名前がわかる事典』高橋竜次・勝山信之　成美堂出版

『フラワーデザイン花図鑑』川崎景太監修　マミフラワーデザインスクール編　講談社

『魔女のシークレット・ガーデン』飯島都陽子　山と溪谷社

『色で見わけ五感で楽しむ野草図鑑』高橋修著　藤井伸二監修　ナツメ社

監修　川崎景介　（かわさき・けいすけ）

マミフラワーデザインスクール校長
東京出身。米国アイオワ州グレース・ランドカレッジ卒業。倉敷芸術科学大学修士
課程修了。2006年よりマミフラワーデザインスクールの校長を務める。日本のみ
ならず、世界の花にまつわる文化を独自の視点で研究する「考花学」を提唱。執
筆活動や講演活動も多数。著書に『花が時をつなぐ ―フローラルアートの文化誌
―』（講談社）、『花と人のダンス ―読むと幸せになる花文化50話―』（講談社
エディトリアル）、監修書に『すてきな花言葉と花の図鑑』（西東社）がある。日
本民族藝術学会員。

イラスト／Junichi Kato
アートディレクション・デザイン／三上祥子（Vaa）
執筆／神武春菜
企画・編集／株式会社ナイスク　http://naisg.com
　　　　　　松尾真樹、藤原祐葉、髙作真紀（株式会社ナイスク）
編集／宇川静（山と溪谷社）

# 花のことば12ヶ月

2021年3月22日　初版第1刷発行
2021年11月30日　初版第2刷発行

編　者　　　山と溪谷社
発行人　　　川崎深雪
発行所　　　株式会社山と溪谷社
　　　　　　〒101-0051
　　　　　　東京都千代田区神田神保町1丁目105番地
　　　　　　https://www.yamakei.co.jp/

印刷・製本　図書印刷株式会社

◎乱丁・落丁のお問合せ先
山と溪谷社自動応答サービス
TEL. 03-6837-5018
受付時間／10:00-12:00、13:00-
17:30（土日、祝日を除く）

◎内容に関するお問合せ先
山と溪谷社
TEL. 03-6744-1900（代表）

◎書店・取次様からのご注文先
山と溪谷社受注センター
TEL .048-458-3455
FAX. 048-421-0513

◎書店・取次様からのご注文以外の
お問合せ先　eigyo@yamakei.co.jp